수학 예찬

우리 시대의 새로운
프런티어21
지적 대안 담론

수학 예찬

알랭 바디우 지음 | 대담 질 아에리 | 박성훈 옮김

도서출판 **길**

지은이 **알랭 바디우**(Alain Badiou, 1937~)는 모로코의 라바(Rabat)에서 태어났다. 프랑스 파리고등사범학교 출신으로 젊은 시절에는 사르트르주의자였고, 이후 알튀세르의 작업에 참여하여 1968년 과학자를 위한 철학 강의에서 '모델의 개념'이라는 제목으로 강연을 하기도 했다. 그러다 68년 5월 혁명 이후 확고한 마오주의 노선을 취하며 알튀세르와 결별했고, 1970년대 내내 마오주의 운동에 투신했다. 하지만 이후 프랑스에서 마오주의 운동이 쇠락하자 다른 정치적·철학적 대안을 찾고자 노력한다. 마침내 바디우는 1988년 『존재와 사건』을 출판하여 철학의 새로운 전망을 열었고, 이후 2006년에 『존재와 사건』의 2부인 『세계의 논리』를 출간하고, 2018년에는 3부인 『진리들의 내재성』을 내놓음으로써 그의 진리 철학에 방점을 찍는다. 또한 그는 정치적 투사로서 2000년 이후 중요한 정치적 사안에 개입하여 신자유주의 정치를 신랄하게 비판하는 한편, '당 없는 정치'를 주창하며 의회민주주의에 대한 가장 근본적인 비판을 수행하고 있다. 이러한 정치적 개입은 『정황들』 연작 등에서 확인할 수 있다. 파리8대학 교수로 재직했고, 1999년부터 파리고등사범학교 교수로 활동했으며, 2002년에는 고등사범학교 부설 프랑스현대철학연구소를 창설했다. 현재는 미국과 영국 등지에서 활발한 강연 활동을 하고 있으며 프랑스현대철학연구소의 소장 직을 맡고 있다. 지은 책으로는 『철학을 위한 선언』 『수와 수들』 『조건들』 『윤리학』 『사도 바울』 『세기』 『유한과 무한』 『투사를 위한 철학』 『철학과 사건』 『행복의 형이상학』 『참된 삶』 등이 있다.

대담자 **질 아에리**(Gilles Haéri, 1972~)는 프랑스의 출판인으로 이공계 그랑제콜 에콜 상트랄 파리에서 수학했고, 철학 교수자격 시험을 통과했다. 플라마리옹 출판사의 최고경영자 직을 거쳐, 2018년에는 알뱅 미셸 출판사의 대표이사로 지명되었다. 현재 프랑스어출판사민간협회 회장 직을 맡고 있다.

옮긴이 **박성훈**은 생물학 전공자였지만 지금은 철학 및 신학 관련 책들을 번역하고 있다. 바디우의 『정치는 사유될 수 있는가』 『참된 삶』 『검은색』 『메타정치론』(공역) 『비트겐슈타인의 반철학』(공역) 『행복의 형이상학』, 피터 홀워드의 『알랭 바디우: 진리를 향한 주체』, 올리버 펠섬의 『알랭 바디우』, 테드 W. 제닝스의 『무법적 정의』 『바울의 메시아 정치』 『예수가 사랑한 남자』 『데리다를 읽는다/바울을 생각한다』, 지그문트 바우만의 『이것은 일기가 아니다』(공역) 등을 우리말로 옮겼다.

수학 예찬

2022년 7월 15일 제1판 제1쇄 찍음
2022년 7월 25일 제1판 제1쇄 펴냄

지은이 | 알랭 바디우
옮긴이 | 박성훈
펴낸이 | 박우정

기획 · 편집 | 천정은

펴낸곳 | 도서출판 길
주소 | 06032 서울 강남구 도산대로 25길 16 우리빌딩 201호
전화 | 02) 595-3153 팩스 | 02) 595-3165
등록 | 1997년 6월 17일 제113호

한국어판 ⓒ 도서출판 길, 2022. Printed in Seoul, Korea
ISBN 978-89-6445-260-8 03100

차례

나는 여러 해 전—첫 번째 철학 "종합 연구서" 『존재와 사건』(*L'être et l'événement*, 1988)의 출간을 전후한 몇 년간—나중에 재론하게 될 철학의 *조건들*(conditions)이라는 개념을 소개한 바 있다. 그것은 인류에게 실행할 능력이 있는, 그리고 철학의 실존이 의존하는, 창조적 활동의 실재적 유형들을 정확한 방식으로 명명하는 일이었다. 실제로, 철학이 그리스에서 탄생한 이유는 어쨌든 BCE 5세기부터 이 나라에 수학(기하학과 연역적 산술(정수론arithmétique)), 예술 활동(인간의 모습으로 만든 조각, 회화, 춤, 음악, 희비극), 정치(민주주의의 발명), 그리고 열정의 상태(사랑의 전이, 서정적 시가 등)와 관련한 전적으로 새로운 제안들이 있었기 때문임이 명백하다. 그러므로 나는 오직 새로움들이 일련의 "진리들"(이것은 몇 가지 철학적인 근거로 내가 그 새로움들에 부여하는 이름이다.)로 돌발할 때에야 철학이 진정으로 펼쳐진다는 이야기를 하려 했으며, 이 진리들은 과학, 예술, 정치, 사랑이라는 네 가지 특유한 유형에 속한다. 이런 이유로 나는 니콜라 트뤼옹(Nicolas Truong)의 초청에 호의적으로 응답하여 사랑 예찬이나 또 연극 예찬이라는 관점으로 그와 아비뇽에서 대화에 나섰던 것이다. 마찬가지로 질 아에리(Gilles Haéri)의 제안에 응해 리옹 소재 빌라 질레[1]를 배경으로 수학 예찬을 위한 대화에 나섰다. 앞선 두 대화는 플라마리옹 출판사의 "카페 볼테르" 시리즈로 출판되었다. 세 번째 대화도 마찬가지여서, 이 책의 주제가 되었다. 남은 것은 정치 예찬인데, 곧 실현하게 되기를 희망한다.

· · · · · · · · · · · ·

1   빌라 질레(Villa Gillet)는 리옹에 있는 복합 문화 시설로, 저술가나 학자 및 현대 예술가를 초대하여 대담이나 토론 행사 등을 개최한다.

1
수학을
구해야
한다

알랭 바디우 선생님, 수학적 용어를 사용해서 말하자면, 선생님은 프랑스의 지성적 지형에서 하나의 특이점(singularité)[1]이라 말할 수 있을 무엇을 형성합니다.

물론, 2006년 『사르코지는 무엇의 이름인가?』(*De quoi Sarkozy est-il le nom?*)의 성공을 통해 일반 대중에게 알려진 이래, 정치적 관여를 계속하셨습니다. 선생님은 오늘날 참여적 지성의 가장 중요한 인물들 중 한 사람이자, 우리의 자유민주주의자들에 대한 가장 준엄한 비판자들 중 한 사람으로, 공산주의적 이념의 지칠 줄 모르는 옹호자의

· · · · · · · · · · · · ·

1 '특이점'은 수학이나 물리학에서 어떤 정해진 기준에 따르지 않는 지점을 지칭한다. 예를 들어, 물리학에서 중력이 적용되지 않는 지점을 중력 특이점이라고 지칭할 수 있다. 이 번역서에서 'singularité'라는 용어는 수학과 연관해 사용되지 않을 경우 맥락에 따라 '단독성' 또는 '개별성'으로 옮긴다.

역할을 하고 계시며, **역사**(Histoire)의 목욕물을 버리다 이 이념까지 버리는 것[2]을 용인하지 않으십니다.

그러나, 보다 특수한 철학적 관점에서, 선생님이 쌓아오신 작업 또한 매우 특이합니다. 철학이 어떤 특정한 전문지식으로 후퇴하고, 이런 점에서 그 자체의 시원적 야망을 거부하는 오늘날, 선생님은 형이상학에 의미를 되돌려 주고자 하는 의지를 그치지 않으시고, 세계와 존재에 관한 큰 종합으로 제시되는 체계를 세우셨습니다. 그런데 우선『존재와 사건』에서 그리고 이후『세계의 논리』(*Logiques des mondes*)에서 드러난 이 철학은 단연 수학에 토대를 두고 있습니다. 선생님은, 이런 측면에서, 진정으로 수학을 중시하며 단지 철학자로서 이를 이야기하는 데 그치지 않고 거의 일상적으로 수학을 사용하는 몇 안 되는 동시대 철학자들 중 한 사람이십니다.

먼저 어떻게 해서 수학과 이런 긴밀한 관계를 갖게 되셨는지 말씀해 주실 수 있을까요?

그건 내가 태어나기도 전에 일어난 일입니다! 내 아버지가 수학 교사였다는 단순한 이유 때문이지요. 그래서, 라캉이 말한 것처럼, 아버지의 이름[3]이라는 각인이 새겨진 겁니다. 실제로, 그게 상당한 영향을

. . . .

2 'jeter bébé avec l'eau du bain de'라는 표현은 영어의 'throw the baby out with the bath water'라는 표현에서 온 말인데, '좋은 것과 나쁜 것을 혹은 중요한 것과 중요치 않은 것을 구별하지 않는다'는 의미가 된다.

3 아버지의 이름(nom du père)이란 상징적 질서에서 아버지의 역할에 관해 논하기 위

미쳤습니다. 집에서 아버지와 형이 그리고 아버지와 아버지 동료들이 수학에 관해 이야기하는 걸 듣곤 했으니까요. 마치 일종의 시원적인 주입처럼, 처음에는 뭐가 뭔지도 거의 몰랐지만, 거기에 어떤 강렬하면서도 어렴풋하게 흥미로운 무엇이 있다는 걸 알았던 겁니다. 말하자면 첫 번째 단계는 이렇게 출생 전부터 갖춰진 것입니다.

곧이어 중학생이 되면서, 몇 가지 정말로 교묘한 증명들을 해보게 된 순간부터 수학에 사로잡히게 되었습니다. 진짜로 내 마음을 붙잡았던 것은, 그러니까 사람들이 수학을 할 때 마치 기초 지식과 개념들로 이루어진 숲에서 매우 복잡하게 굽은 길을 따라가다가 이 길이 멋진 공터에 이르는 한 순간에 얻게 되는 그런 감정이라고 말해야 할 겁니다. 수학과 관련하여 거의 미학적인 것에 가까운 이 감정은 상당히 이른 시절부터 내게 다가왔습니다. 여기서 평면 기하학의 몇 가지 정리를 이야기할 수 있을 텐데, 특히 2학년이나 3학년에 배우던 무궁무진한 삼각형의 기하학에 관해서 그럴 수 있을 겁니다. 생각나는 것은 오일러 직선입니다.[4] 선생님이 어떤 삼각형에서 〔각 꼭지점에서 대변에 수직으로 그은〕 세 개의 수선(垂線)이 한 점 H에서 모이는 걸 보여주었는데, 그걸로 벌써 아름다웠습니다. 그리고 같은 삼각형에서 세 개의 〔수직〕 이등분선도 한 점 O에서 모이고, 점점 더 멋진 것들

. . . .

해 라캉이 제시한 개념이다. 따라서 아버지의 이름이란 상징계의 토대를 말하며, 여기에서는 바디우 자신의 삶에서 상징계의 구성에 있어 수학자인 아버지로 인해 수학에 친숙해졌다는 이야기를 하고 있다.
4 삼각형의 수심(H), 외심(O), 무게중심(G)을 모두 지나는 직선.

이 나오지요! 마지막으로 [각 꼭지점과 그 대변의 중점을 이은] 세 개의 중선(中線)도 마찬가지로 한 점 G에서 모였습니다! 엄청나죠. 그런데 그런 다음에, 무언가 신비로운 분위기로 선생님은 우리에게 레온하르트 오일러(Leonhard Euler)라는 천재적인 수학자가 했던 방식으로 심지어 이 세 점 H, O, G가 한 직선 위에 있다는 걸 보이셨고, 당연히 그건 오일러의 직선이라고 불리는 것이었죠! 삼각형에서 특징적인 성질로서 중요한 세 점의 정렬이 나타난다니, 너무나 뜻밖이었고 또 너무나 아름다웠습니다! 우리가 이 증명을 볼 수는 없었는데, 2학년에게는 그게 너무 어렵다고 여겨졌기 때문입니다. 하지만 증명해 보고 싶은 욕망이 계속 일었죠. 그런 걸 증명할 수 있다는 게 너무 멋져 보였던 겁니다. 이런 생각은 진정한 발견이나 놀라운 결과에서 주어집니다. 때로 따라가기 다소 힘든 길로 들어서기도 하지만 보상을 받게 되지요. 나중에 나는 종종 수학을 등산에 비유하기도 했는데, 산을 오르는 길은 길고 수고스럽습니다. 여러 굽이와 비탈을 거쳐야 하고, 이제 거의 도착했다고 생각할 때도 아직 굽잇길이 남아 있고⋯ 땀 흘리고 애써야 하지만, 고갯마루에 도착해서 얻을 보상은 진정으로 비길 데가 없습니다. 이 감동, 수학의 궁극적인 아름다움, 이 확실히 얻어낸 아름다움이란 절대적으로 특별합니다. 바로 그런 것이 내가 이렇게 미학적 측면에서도 수학을 선전하기를 계속하는 이유입니다. 다른 한편 이것은 매우 오래전부터 있던 관점임을 되새겨 보는데, 아리스토텔레스는 실제로 수학을 진리가 아니라 미(美)와 관련한 분과로 간주했습니다. 그는 수학의 고귀함은 존재론이나 형이상학보다는 미학의 유형과 관련된다고 단언하기도 했습니다.

나는 이어서 현대 수학을 보다 가까이 접하게 되었고, 대학에서 첫 2년 동안은 수학 공부를 계속했습니다. 그것은 고등사범학교(ENS, l'École normale supérieure)에서 보낸 1956~58년의 첫 두 해였지요. 이때 강렬한 철학적 발견들을 얻었고(이폴리트Hyppolite, 알튀세르Althusser, 캉길렘Canguilhem이 당시 내 스승들이었는데), 소르본 대학 수학 강의 수강과 ENS 수학과 학생들과 함께하는 중요한 토론을 병행했습니다. 이때부터, 그리고 또한 형식에 관한 훈련이 상당히 반향되었던 구조주의와 1960년대라는 환경에 있었기에, 나는 수학이 철학과 매우 밀접한 변증법적 관계에 있다고 진정으로 확신하게 되었습니다. 혹은 적어도 그런 사실을 깨닫게 되었던 것이지요. 이건 수학이 내가 전념하던 사안들의 교차점에 있었기 때문입니다. 구조는 무엇보다 먼저 전적으로 수학자들의 관심사입니다. 당시에 내가 탐독하던 위대한 인류학자 클로드 레비-스트로스(Claude Lévi-Strauss)는 그의 주요 저서 『친족 관계의 기초 구조』(Les Structures élémentaires de la parenté) 마지막 부분에서 수학자 베유[5]에 의지하여 대수학의 군(群)이론(la théorie algébrique des groupes)을 이용할 경우 여자들을 교환하는 절차가 해명된다는 점을 보이지요. 그런데 그때 내 철학적 정향을 위해서는 방대

. . . .

5　앙드레 베유(André Weil, 1906~98): 부르바키 창립 멤버. 철학자 시몬 베유의 오빠. 바디우가 언급하는 『친족 관계의 기초 구조』1부 말미에는 베유가 레비-스트로스의 청탁으로 직접 수록한 부록이 있다. 이 부록에서 베유는 특정한 유형의 결혼 제도를 대수학적 측면에서 치환군(groups of substitution)을 사용하여 설명한다.

한 개념 구축에 숙련될 필요가 있었습니다. 다른 관점에서, 그 미학적 힘과 개념에 필요한 발명 때문에, 수학은 우리에게 규율에 반대하기는커녕 오히려 이를 요구하는 자유를 지닌 **주체**가 되기를 요청합니다. 실제로, 당신이 어떤 수학 문제를 검토할 때, 해법의 발명은—그리고 따라서 정신의 창의적인 자유는—어떤 맹목적인 방황 같은 것이 아니라, 어떤 의미에서 항상 전체의 정합성과 증명의 규칙을 지킬 의무로 제한된 길을 가겠다는 결정입니다. 당신은 합리적 법칙에 반하지 않으며, 오히려 이런 법칙의 금기와 조력 양자 모두에 힘입어 해답을 찾겠다는 자신의 욕망을 실현합니다. 그런데 누구보다 라캉을 통해 내가 생각하게 되었던 무엇이 바로 이런 것입니다. 이를테면, 욕망과 법은 대립하는 것이 아니라 오히려 변증법적으로 동일하다는 것이지요. 그리고 결국, 수학은 독자적인 방식으로 직관과 증명을 결합하는데, 이는 또한 철학 텍스트가 최선을 다해 해야 할 일이기도 하다는 것 말입니다.

마지막으로 이야기할 것은 철학과 수학 사이의 이러한 왕복이 나 자신에게 어떤 분열을 기입했고… 그리고 어쩌면 내 모든 작업이 이러한 분열을 극복하기 위한 시도에 다름 아닐지도 모른다는 점입니다. 그 까닭은 내 철학적 스승, 곧 내게 철학을 보여주었던 사람이 바로 장-폴 사르트르(Jean-Paul Sartre)였기 때문입니다. 나는 확신에 찬 사르트르주의자였습니다. 그런데, 솔직히 말해서, 당신도 알다시피 수학과 사르트르란 도대체 어울리지가 않았던 겁니다… 사르트르는 심지어 젊은 시절에 ENS에서 한 저속한 문구를 반복해서 입에 올렸

16

던 일도 있지요. "과학, 그것은 개똥이다. 윤리, 그것은 개소리다."물론 그는 이 유치한 격언을 고수하지 않았지만, 실제로 과학에 대해, 특히 형식적 과학에 대해 재론하지는 않았습니다. 그래서 내게서, 철학이 한편으로 주체의 차원을, 참여하는 주체의 차원을, 주체성이 될 수 있는 그런 종류의 역사적 드라마를 구해낼 수 있어야 하며, 그러면서도 다른 한편으로 수학을 특히 존재의 교설과 관련하여 그 합리적인 힘과 광휘에 통합할 수 있어야 한다는 확신이 자라난 것입니다.

이 모든 것은, 오늘날에도 여전히 나와 수학의 관계를 이루고 있는 것이 이러한 극복된 분열임을 밝히는 것으로 요약할 수 있겠습니다.

선생님 보시기에 오늘날 어떤 이유로 수학을 예찬할 필요가 있을까요? 결국, 이 분과학은 우리 교육 체계의 중심에 있고, 또한 주요한 선발 수단들 중 하나입니다. 그리고 최근 프랑스의 필즈 상 수상 메달(medaille Fields)[6]의 수—11명이 수상해서, 이 분야에서 미국 바로 다음의 위치—를 놓고 판단하자면, 프랑스에서 수학 분야가 훌륭하다고 간주할 수 있겠습니다. 선생님은 반대로 수학이 위태로운 상태라고 느끼시는 건가요?

. . . .

6 　국제수학연맹이 4년마다 개최하는 세계수학자대회에서 40세 이하의 수학자들을 대상으로 업적을 심사하여 2~3명에게 수여하는 상이다. 이 시상은 캐나다 수학자 토머스 필즈(Thomas Fields)의 유언에 따라 그의 유산을 기금으로 하여 집행된다. 노벨 상에 수학상이 없는 관계로 수학의 노벨 상으로 불리기도 한다.

당신이 아는 것처럼, 대다수의 수학자들은 자기 분과학과 매우 귀족적인 관계를 맺고 있습니다. 그들은 보통 자신들만이 수학을 이해하며, 그런 것이 이 분과학의 운명이라고 생각하는 데 만족합니다. 이들은 모두 어느 정도는 부득이하게 근본적으로 현대 수학의 가장 난해한 증명들을 이해할 수 있는 사람들, 즉 주로 자기 동료들에게만 말을 거는 사람들입니다. 그러니까 우리는 상당히 폐쇄적인 집단을 다루고 있는 것인데, 때로 빌라니[7]나 그보다 상당히 이전의 푸앵카레[8]같이 약간은 더 큰 청중을 상대로 이야기하는 경우도 있지만, 그건 이례적인 일이지요.

그래서 한편으로 극히 밀도가 높고 국제적이지만 매우 귀족적인 지성계에 갇혀 지내며 독창성과 창조성을 견지하는 수학이 있고, 다른 한편으로는 내 생각에 점점 더 그 사용이 모호해지거나 불분명해지는 학교 교육이나 대학과 관련한 수학의 확산이 있습니다. 왜냐하면 특히 프랑스에서 수학은 실제로 엘리트 선발 수단으로서 과학 분야 그랑제콜(grandes ecoles)[9]들의 입시에서 사용되기 때문입니다. 입시

· · · · · · · · · · · · ·

7　세드릭 빌라니(Cédric Villani, 1973~): 2010년 필즈 상 수상자. 「나는 왜 수학이 싫어졌을까」라는 수학 교육 관련 다큐멘터리에 출연하기도 했다.
8　앙리 푸앵카레(Henri Poincaré, 1854~1912): 프랑스의 수학자, 물리학자, 천문학자. 수학을 상아탑에서 대중에 개방하고자 했다.
9　프랑스의 고등교육기관은 일반 대학과 엘리트 교육을 위한 그랑제콜로 나뉜다. 그랑제콜은 중등교육 졸업시험이자 일반 대학 입학자격시험인 바칼로레아에서 상위의 성적을 거둔 학생들을 대상으로 입시 준비반을 모집하여, 2~3년간의 추가 교육 과정을 거친 후 경쟁입시를 통해 입학생을 선발한다. 인문·자연 계열의 고등사범학교(ENS), 공학 계

준비생이 사용했던 표현에 따르면, 그들은 정말로 "수학을 열심히 공부했다"는 겁니다. 하지만 결국, 이 모든 것의 유기적인 목적성은 여전히 본질적으로 선발을 위한 것입니다. 이런 상황이 여론과의 전반적 관계라는 관점에서 수학에 해를 끼친 것입니다. 그럭저럭 통과할 만한 몇 차례 학교 시험들을 치르고 나면, 대다수의 사람들은 실제로 수학과 완전히 담을 쌓고 지냅니다. 이렇게 말해야 할 텐데, 프랑스에서 수학은 일상적인 문화에 속하지 않습니다. 그리고 내가 보기에 이런 일은 하나의 스캔들입니다.

수학은 그저 엔지니어나 관료가 될 사람들을 선발하기 위한 학교 교과목에 국한될 것이 아니라, 절대로 그 자체로 흥미로운 무언가로 고려되어야 합니다. 미술이나 영화처럼, 사람들이 수학을 다시 시작하려면, 수학이 우리의 일반적인 문화를 이루는 일부가 되어야 합니다. 그러나 분명히 현실은 그렇지 않지요. 그리고 심지어 영화도 그런 상태인데, 이건 어쩌면 더 심한 스캔들일 겁니다. 그러니까 수학에 관한 의견은 수학의 귀족적 실존에 거리를 두는 일종의 존경—물리학이나 기술 도면에서 발견하는 유용성으로 강화되는—과 "나는 수학에 재능(bosse)이 없다"는 확신으로 요약되는 무지로 분열됩니다. 서툰 말장난을 해보자면, 아주 미미한 소수의 꼽추들(bossus)[10]과 다수의

· · · · · · · · · · · ·

열의 에콜 폴리테크니크, 정치행정 계열의 시앙스포(정치 대학) 등이 대표적이다.
10 'bosse'라는 단어는 '재능', '능력'이라는 뜻도 있지만 '혹', '둥근 돌기' 등의 의미도 있는데, 바디우는 이 'bosse'라는 말과 '꼽추'나 '혹부리'라는 의미의 'bossu'를 가지고 말장난을 한다. 즉, '능력'(bosse)을 가진 자를 '꼽추'(bossu)로 표현한 것이다.

다른 사람들이 있다고 말할 수도 있겠지요. 내가 생각하기로, 현 상황은 해로우며 심지어 비통하기까지 합니다. 하지만 아마도 이런 정세를 뒤집기가 그리 쉽지 않다는 것을 알게 될 기회가 있을 겁니다. 수학자들의 귀족주의를 분쇄하기 위해서는 형식주의의 지성과 개념적 목표 사이를 이을 매개를 찾아야 합니다. 그리고 나는 이를 위해 철학의 힘을 빌릴 필요가 있으며, 따라서 시급히 철학을 가르쳐야 한다고 생각합니다.

선생님께서는 수학의 적용 사례들을 암시하시는데, 그런 사례들은 실제로 오늘날 세계 어디서든 찾을 수 있지만, 대부분의 사람들이 잘 알지 못하기도 하고 반드시 인식하는 것도 아닌 경우가 많지 않습니까?

확실히 거기에는 어떤 역설적인 상황이 있습니다. 오늘날 수학은 어디에든 있지요. 매우 물신화된 새로운 커뮤니케이션 수단들은 이항적 언어에 전적으로 기초를 두고, 새로운 알고리즘의 수단들은 소수(素數)에 의한 암호화(codage)에 의지하는 등의 방식으로요. 하지만, 엄청나게 많은 사용자들은 이 모든 것이 의미하는 바가 무엇인지 전혀 알지 못합니다.

나는 여기에서 교수법(pédagogie)의 문제를 도입함으로써 이 역설을 해명할 수 있다고 생각합니다. 실제로, 사유의 형성 과정에서, 지식들(예컨대 수학의 형식언어에 대한 숙달)과 이 지식들의 제시(예컨대 우리가 이 형식론들의 용도와 효력을 고려하는 진정한 개인적 관심)에 정해진 각각의 장소는 무엇인가? 알다(savoir)와 생각하다(penser)는, 그리고 심지어 알고 있는 것을 좋아하다(aimer)는 같은 것이 아니며 직접적으로 동일하지 않습니다. 이 둘 사이의 관계는 어떤 것인가? 그것이 바로 전달(transmission)의 핵심 문제입니다. 그리고 당신도 알고 있듯이, 철학은 언제나 이 질문에 관심을 가지요. 철학이 시작된 이래로 말입니다. 플라톤이나 아리스토텔레스도 스스로를 교육자로 여겼습니다. 실제로 그들은 철학을 상당 부분 계몽적이면서도 교육적인 기획으로 생각하는데, 이 기획은 당연히 새로운 지식들을 생산하지만 무엇보다 특히 〔새롭게〕 구성된 지식들을 해명하고 어떤 새로운 주체성에 통합하는 것입니다. 이는 수학에서 완벽하게 들어맞습니다. 그의 당대에 가장 앞서 나간 지식들을 다루었음에도 플라톤은 모든 사유를 형성하는 보편적인 역할을, 그것이 무엇이든, 수학에 부여했지요. 실제로, 나는 철학이 우리에게 지식들의 전수가, 검토되는 지식과는 별개로, 비교적 동질적임을 보여준다고 확신합니다. 결국 지식의 전수라는 문제는 무엇보다 먼저 사람들에게 당신이 전달하는 지식이 흥미롭고 열중할 만하다는 점을 확신시키는 일이기 때문입니다. 그런 것이 모든 가르침의 유적인(générique) 문제이지요. 우리는 우리가 말 거는 누군가에게, 예컨대, 수학에 관심을 가질 충분한 이유가 있다는 점을 납득시켜야 합니다. 수학에 대한 관심은—다른 여러 지식들에 대해서도 마찬가지로—결코 그로부터 약속된 사회적 상승을 위한 것이 아니라 그 자체를 위한 것이며, 수학이 사유에 제공하는 무언가를 위한 것입니다. 그리고 이는 우리가 말 건네는 사람이 누구이든지 그럴 것이며, 그에게는 이해할 능력이 있는 사람들과 이해하지 못하는 다른 사람들을 나누는 철책(grille)을 부과해서는 안 됩니다.

　수학에 대한 오늘날의 이러한 몰이해가 선생님의 동료 철학자들을 비롯한 많은 사람들에게 공유된다고 여기십니까?

현재 상황은 분열되어 있습니다. 불행히도, 대다수의 철학자들이 최소한의 수학적 소양(그나마도 대체로 형식논리로 환원되는)을 가지며, 영미권 분석철학과 그 부속 분야인 인지주의(cognitivisme)에 관여합니다. 분석철학은, 의미가 있는 합리적 언표들과 분석철학에 따를 때 의미가 없는 언표들—특히 "형이상학적"이며, 따라서 무의미한(sans intérêt) 것으로 간주되는, 플라톤 이래의 거의 모든 철학적 언표들—을 언어적으로 구별하는 데 활동을 집중합니다. 인지주의는 사유나 행위에 관한 모든 문제를 뇌 구조(mécanismes cérébraux)의 실험적 연구로 환원하려 하지요. 이러한 정향의 몇몇 결과들이 흥미로울 수는 있겠지만, 나는 그런 것이 철학과 관련된다고 볼 수 없습니다. 이는 실존이나 정치 혹은 미학과 무관한 학구적인(académiques) 연구들이며, 이를테면 진정한 삶의 규명으로 간주되는 철학에는 아무짝에도 쓸 데가 없다고 해도 과언이 아닐 것입니다. 혹은 그 외에도, 프랑스에서 종종 일어나는 사안으로, 수학적 교양이 과학사나 인식론처럼 대학적 "전문성"에 기입되려고 시도합니다. 그것은 또한 실존이나 진리들에 대한 관여나 삶이라는 이름에 어울리는 삶의 의미에 관한 문제를 둘러싸고 조직되는 철학적 기획을 활성화해야 한다는 진정한 야심에 대한 거부이기도 합니다. 이 두 가지 난관(내 생각에는 그렇습니다!)을 제외하면, 철학 연구를 지속하는 거의 모든 사람들은 사실상 수학적 교양이 거의 없으며, 자기 연구의—유일하지는 않겠지만—주요 지지대가 철학사라고 생각합니다.

이 모든 것의 주된 결과는 수학의 현실적인 삶과 철학의 현실적인 삶이 서로 완전히 괴리되는 경향을 보인다는 것입니다. 그리고 그런 것은 하나의 새로운 상황입니다. 적어도 2,000년이 넘는 철학의 실존에 비추어 보자면 말입니다.

실제로, 수학과 철학이 상당히 일찍부터 연결되어 있었음에도, 나중에 이를 다시 검토할 텐데, 오늘날 이 둘의 추이는 서로 상당히 멀어져 있습니다.

내가 방금 이야기한 현상이 그런 것이지요. 그러나 또한 관련한 두 집단들의 사회적이면서도 공적인 추이라고 명명될 법한 것이 있습니다. 이 시대 수학자는 흔히 매우 복잡하며 매우 정교화된 수학의 전문 영역에서 작업하는 누군가라 할 수 있을 겁니다. 함께하는 것, 말하자면 서로 동등한 사람으로서 함께 이야기할 수 있는 것은 대체로 내가 상기한 그대로 열 명도 안 되는 사람들에게만 가능합니다. 창안과 관련한 수학적 탁월성은 극히 한정되어 있으며, 모든 가능한 탁월성들 중 가장 한정적입니다. 오늘날, 수학적 탁월성의 확산[이 지지부진한] 상태 때문에, 사람들은 바라는 것처럼 수학으로 진입하지 않는데, 그것은 큰 재산 같은 것이 아니기에 상속되지 않으며, 보통의 지식이나 혹은 상당한 지식을, 심지어 매우 많은 지식을 가진다 해도 충분치 않습니다. 그 결과 수학은 가까이하기 매우 어려운 것이 되었습니다. 순전히 외부적인 기준들이 있고 언론에 의해 알려지기도 합니다. 매우 중요한 무언가를 발견한 사람은 그가 속한 매우 작은 공동체의 지지를 얻어, 그리고 한편으로는 전체적인 이해가 부족한 가운데, 필즈 메달을 받게 되겠지요.

철학 쪽을 보자면, 문제는 정확히 반대일 텐데, 이제는 누구나 철학자로 간주될 수 있기 때문입니다. 철학자들이 "새롭게" 된 이래,[11] 그들에 관해서만이 아니라 기본적인 수준에서도 좀처럼 엄격한 잣대가 적용되지 않는다고, 나는 분명히 말하고 싶습니다! 플라톤의 시대나, 데카르트나 헤겔의 시대, 혹은 심지어 19세기 말에도 "철학자"로 행세하기 위해 필요한 지식의 요건들은 그 시대의 거의 모든 정치적·과학적·미학적 지식과 창조에 영향을 미쳤습니다. 반면 오늘날에는 의견들과, 이 의견들이 보편적이라고 믿도록 하는 데 적합한 미디어 망을 갖는 것으로 충분합니다만, 이 의견들은 진부할 뿐이지요. 그런데

· · · · · · · · · · · ·

11   한때 급진 좌파를 표방했으나 공산주의권의 몰락 이후 칸트 연구와 윤리적 지향을 통해 우파적 관점을 견지하며 등장한 신철학자들(nouveaux philosophes)을 지칭하는 것이다.

24

보편성(universlité)과 진부함(banalité)의 차이란 철학자에게는 결정적인 것입니다.

사람들은 요즘은 방대한 학식을 갖추는 것이 불가능하게 되었다고 생각합니다. 하지만 그건 사실과 다릅니다. 물론, 과학 분야의 모든 범위를, 혹은 세계 전체의 예술적 생산물을, 혹은 모든 정치적 혁신들을 예외 없이 통달할 수는 없습니다. 그러나 이에 관해 충분히 인식할 수 있고 그래야 하며, 이 모든 것에 관해서 철학적으로 규칙을 정할 수 있을 만큼 충분히 깊고도 넓은 경험을 얻을 수 있고 또한 그래야 합니다. 그런데, 여러 "철학자들"은 오늘날 이러한 최소한의 규범과는 상당히 동떨어져 있습니다. 특히 옛적 철학에 있어 가장 중요했던 과학, 즉 수학과 관련해서 보자면 말입니다.

지난 세기의 70년대 말부터 80년대 초에 걸쳐 형성되었다는 점에서, 이런 상황은 상당히 최근의 일입니다. 이는 철학자의 이미지나 개념이나 그 개념의 짜임새에 상당한 손상을 입혔습니다. 철학자란 무슨 일에 관해서건 〔충고하는〕 조언자에 지나지 않게 되어버린 것이지요. 나 자신도, 인정할 수밖에 없습니다만, 이런 퇴락한 경향에 노출되어 있습니다. 80년대 초에 내가 『윤리학』(L'Éthique)을 썼을 때, 은행 윤리에 관한 세미나를 해달라는 제안을 여러 차례 받았습니다. 진지하게 이야기합니다만, 내가 그런 문서들을 생산할 수 있다니요! 이 사람들은 내 의견이나 관여에 관심이 없었습니다. 내가 윤리에 관해 이야기했으니까, 당연히 그들에게 핵심이 되는 어떤 것에, 사회의 살아 있는 중심에 도움이 되어야 한다는 것이었지요. 바로 은행이라는

중심에!¹²

    그러므로 수학과 철학의 분기(分岐)는 또한 "신철학자"라는 반동적이면서도 공허한 형상 탓에 철학의 지위가 믿을 수 없을 정도로 통속화(banalisation)되었다는 사실에도 원인이 있습니다. 의사소통을 중요한 수단으로 삼는 철학의 스타들은—이것을 꼭 말해야 하는데, 그들이 이야기하는 것을 이야기하려면 필요한 인식의 관점에 엄격히 비추어 볼 때—아무짝에도 쓸모없는 무능한 자들(nullités)입니다. 수학에 관해, 그들은 그저 평균적인 고교 3학년 수준이라고 여겨집니다. 그건 그렇고 수학에는 중요한 미덕이 있는데, [의사소통에서 볼 수 있는] 그런 류의 기만이 불가능하다는 점입니다. 그러나 이런 미덕의 뒷면은 수학이, 다른 지식 체계들로부터의 귀족적인 분리 탓에, 다가갈 수 없게 되거나 혹은 씁쓸한 무관심의 대상이 된다는 점입니다. 물론, 마찬가지로 엄격한 선별 기준으로, 우리에게는 "신수학자들"(nouveaux mathématiciens) 같은 것은 없었고, 그것은 당연한 일입니다. 그리고 나는 어떻게 그런 사람들이 있을 수 있을지 모르겠습니다. "새로운 수학자"(nouveau mathématien)란, 심지어 오늘날에도, 이전에 알려지지

· · · · · · · · · · · ·

12   바디우의 『윤리학』은 '악의 인식에 관한 시론'(essai sur la conscience du Mal)이라는 부제에서도 알 수 있듯 일반적으로 생각하는 윤리와는 다른 윤리를 말하는 책이다. 인권과 차이의 정치에 관한 비판에 이어, 시원으로부터의 절대악 같은 것이 아니라 진리가 악이 될 수 있는 가능성에 대한 논변으로 채워져 있는 것이다. 즉, 이 책의 윤리학은 '진리의 윤리학'이며, 은행을 비롯한 금융권에서 생각하는 직무상의 윤리 따위와는 완전히 다른 것이다.

않은 정리들을—고생 끝에 또는 훌륭하게—증명하는 누군가이며, 이런 점에서 당신은 〔질 떨어지는〕 아류(sous-produit)나 〔우스꽝스러운〕 모방 같은 건 만들어낼 수 없고, 그런 일은 절대로 불가능할 겁니다.

그러므로 우리는 수학과 철학이 어느 정도 서로 분리된 시기를 살고 있는 겁니다. 우리의 고전 시기나 근대의 중요한 선배들이 이걸 보면 대부분 놀랄 터인데, 나는 이 선배들 중 여러 사람이, 또한 가장 유명한 사람들 가운데 몇몇이 위대한 수학자들이기도 했음을 상기합니다. 데카르트는 정초적인 수학자이자 분석기하학(géométrie analytique)의 창시자로, 분석기하학은 이를테면 기하학과 대수학을 통합한 것입니다. 그는 실제로 어떻게 공간에서 곡선이, 그러니까 하나의 기하학적 대상이 방정식으로 재현될 수 있는지 보여주었지요. 라이프니츠는 천재적인 수학자이자 근대 미적분 계산(calcul différentiel et integral)의 창시자였습니다.[13] 이런 영역에 머물렀던 마지막 사람들은 19세기의 어느 시기에 위치합니다. 특정한 측면에서 프레게나 데데킨트나 칸토어[14]가 그렇겠고 혹은 푸앵카레가 그럴 터인데, 푸앵카레는 분명히 이

. . . .

13 한때 뉴턴과 라이프니츠 중 누가 미적분학의 창시자인가에 관한 논쟁이 있었으나, 최근에는 두 사람이 각각 독자적으로 미적분 계산의 개념을 만들어냈다는 결론에 이르러, 두 사람 모두 미적분학의 창시자로 인정되고 있다.

14 고틀로프 프레게(Gottlob Frege, 1848~1925)는 논리의 산술적 연산을 가능케 한 기호논리의 창시자이고, 리하르트 데데킨트(Richard Dedekind, 1831~1916)는 해석학과 대수적 수론(algebraic number theory)의 기초를 놓는 족적을 남긴 인물이며, 게오르크 칸토어(Georg Cantor, 1845~1918)는 무한집합에 대한 탐구로 현대 수학의 기초가 되는 고전적인 집합론을 창시한 인물이다.

런 모델에서 최후의 위대한 인물이지요. 마찬가지로 프랑스에서는, 1920년에서 60년대 사이에, 수학에 정통한 한 철학 학파가 있었는데, 바슐라르, 카바예, 로트만, 드장티를 위시한 이 학파는 이른바 분석철학(philosophie analytique)의 세이렌들[의 유혹]에 굴하지 않았습니다.[15] 그러나 오늘날, [철학과 수학의] 분리가 상당히 진행된 상태이기는 합니다만, 저로부터 20~30년이 지난 후 철학자들과 몇몇 수학자들로 이루어진 세대가 등장했습니다. 이들은 전반적으로 형이상학의 재발견이라는 점에서 장래가 촉망되는데(트리스탄 가르시아 Tristan Garcia, 퀑탱 메이야수 Quentin Meillassoux, 파트리스 마니글리에 Patrice Maniglier 등), 그중 몇 사람은 현대 수학 분야의 중요한 부분을 섭렵했고, 이러한 수학적 지식을 모종의 언어 실증주의(positivisme langagier)나 단순한 과학사로 격하하지 않습니다. 나는 특히 샤를 알뤼니(Charles

. . . .

15   가스통 바슐라르(Gaston Bachelard, 1884~1962)는 과학철학 분야의 개척자이자 문학과 과학의 독특한 융합을 통해 독창적인 사상을 선보인 인물로서 이후에 푸코의 에피스테메 개념에 영향을 미치는 인식론적 단절 개념을 제시한 바 있다. 장 카바예(Jean Cavaillès, 1903~44)와 알베르 로트만(Albert Lautman, 1908~44)은 프랑스의 수리철학자들로 제2차 세계대전에 레지스탕스로 참전했던 인물들이며, 바디우는 『메타정치론』 서문에서 캉길렘의 말을 빌려 이들에 대해 "논리에 따라 저항한" 철학자들이라 소개한다. 장투생 드장티(Jean-Toussaint Desanti, 1914~2002)는 프랑스의 수리철학자이자 현상학자이다. 바디우는 2018년에 진행된 강의들을 모아놓은 한 책(*Sometimes we are eternal*, Suture Press)에서 『존재와 사건』이 사물들 자체를 실체로 보는 데 그쳐 사물들로만 이루어진 실체의 존재론이며 사물들 혹은 대상들 간의 관계에 대해서는 살피지 않는다는 드장티의 비판으로 인해 범주론(category theory) 연구와 존재와 사건 3부작의 두 번째 책 『세계의 논리』 저술로 이어지게 되었다고 말한다.

28

Alunni), 르네 기타르(René Guitart), 이브 앙드레(Yves André)나, 또한 더 최근의 엘리 뒤링(Elie During)이나 다비드 라부앵(David Rabouin)을 떠올리게 됩니다. 틀림없이 나는 다가올 세대들 중 많은 다른 주체적 인물들을 잊거나, 혹은 바라건대 모르고 있을 겁니다.

진실로, 본질상 형이상학적인 내 노력의 일부는, 오늘날 이를 수행할 능력과 열망을 지닌 모든 사람들의 도움을 얻어, 철학이라는 이름으로 제시된 어떤 것과 현대 수학의 중요한 지성적 발견들 간의 극심한 분리를 극복하고자 시도합니다.

2

철학과 수학
혹은 어떤
오랜 커플의
역사

저는 철학과 수학 사이의 관련성들을 보다 엄밀하게 탐구했으면 합니다. 선생님은 방금 이 둘이 오래된 커플임을 상기시키셨지요. 플라톤은 이미 자신의 아카데미아 입구 상단에 "기하학을 모른다면 누구라도 여기에 들어오지 못한다"라고 써놓았죠. 이러한 동반자 관계는 어떻게 설명될 수 있을까요?

수학과 철학은 실제로 그 기원부터 연결되어 있었는데, 심지어 특히 저명한 일련의 철학자들이, 그러니까 플라톤뿐만 아니라 데카르트나 스피노자나 칸트나 또는 설(John Searle) 등이 수학이 없었다면 철학도 있을 수 없었다고 단호하게 선언했을 정도지요. 그러니까 수학은 아주 일찍부터—그리고 플라톤에게 전적으로 의심의 여지 없이—합리적인 철학이 태어날 수 있기 위한 일종의 전제 조건으로 인식되었던 것입니다. 어째서? 순전히 수학이, 이렇게 말해도 된다면, "홀로 감당해 낸" 인식 과정의 예였기 때문입니다. 음 그러니까, 말하자면 당신이 증명을 했기 때문에 당신이 증명해 낸 겁니다! 이것은 진리가 사제나 왕이나 신에 의해 담보될 경우와 결코 같은 것이 아닙니다. 사제나 왕이나 또는 신이 옳은 것은 그들이 사제거나 왕이거나 또는 신이기 때문이지요. 더구나 만약 당신이 그들에게 반박한다면, 어떤 일이 생길지 곧 알게 될 겁니다…. 반면 수학자에게 사정은 결코 그렇지가 않습니다. 그는 동료나 경쟁자에게 제시할 인식 과정을 구성해야만 하지요. 그리고 만일 그 수학자의 증명에 오류가 있다면, 그들이 그에게 그걸 이야기할 겁니다.

따라서 수학은 일찍이 고대 그리스 시대부터, 수학자가 "수학자"로 불린다는 점에서 유래한 권위라는 단순한 사실에 의해서가 아니라 〔수학에〕 "정통한" 사람들의 공동체가 인정하고 수용한다는 조건 아래, 참이라 간주되고 증명된 사항들이 유통되는 그러한 우주를 구성해 왔다는 것입니다. 수학자는 오히려 모든 신화나 종교의 전제에서 완전히 풀려난, 그리고 더 이상 이야기의 형식이 아니라 증명의 형식을 취하는 보편성을 처음으로 도입하는 사람이지요. 이야기에 토대를 둔 진리는 신화나 계시에 따른 유형의 "전통적" 진리입니다. 수학은 모든 전통적인 이야기들을 뒤흔듭니다. 이를테면, 증명(preuve)은 모두에게 설명되며 동일한 원칙으로 반박될 수 있는 합리적인 논증(démonstration)에만 의존하는 것이므로, 거짓으로 최종 증명된 언표를 단언한 사람은 결국 고개를 떨굴 수밖에 없지요. 이런 의미에서, 수학은 그리스에서 수학과 같은 시기에 나타난 민주주의적 사유의 성격을 보입니다. 그리고 철학은 오직 이러한 형식적 버팀목이 있었기에 종교적 이야기에 대한 자율성—여전히 항상 위협받는—을 갖고 구성될 수 있었는데, 이 형식적 버팀목은 의심의 여지 없이 지성적 활동의 한정된 영역에, 그러나 모두가 알 수 있는 전적으로 독립적이며 명시적인 규범들을 가진 영역에 관련된 것이었습니다. 증명은 증명이어야 했으며, 그게 다입니다. 그러니까 처음부터 수학과 민주주의(전통적인 권위들에 맞서는 정치적 근대성의 의미에서)와 철학 사이에 관련성이 있었다는 것은 참입니다.

역사적으로 볼 때, 수학이 당연히 철학에 앞서 탄생했겠지요?

그 역사는 복잡하기도 하고 제대로 고증되지도 않았습니다. 나는 역사가이자 과학철학자인 아르파드 사보[1]의 신념을 공유하는데, 만일 파르메니데스의 사유를, 혹은 소크라테스나 플라톤 이전, 그러니까 BCE 5세기까지 거슬러 올라가는 "엘레아"학파(엘레아 섬 주민들로 이루어졌기 때문에 그런 이름이 붙었습니다만) 전체의 사유를 면밀하게 검토한다면, 그들이 수학에서 완전히 성취한 사유 방식들의 심오한 흔적을 발견할 수 있습니다. 예를 들면 귀류법(歸謬法, 부조리에 의

. . . .

1 아르파드 사보(Arpad Szabo, 1913~2001): 헝가리 출신의 고전학자. 『그리스 수학의 시초』(*Anfänge der griechischen Mathematik*, 1969)를 썼다.

한 논증raionnement par l'absurde)이 있는데, 나는 이것이 이 시대의 수학을 발명한 정신적 능력에서 결정적이었다고 봅니다. 나는 파르메니데스에 할애한 1985~86년 세미나에서 이 논점을 상세하게 분석한 바 있습니다. 대체로, 귀류법은 어떤 언표 p가 참이라는 점을, 앞서 정립된 진리들에 입각하여 그 언표의 진리를 직접 "구성하는" 방식으로 증명하는 것이 아니라, 언표 p의 부정명제 곧 p-아님이 필연적으로 거짓임을 보이는 방식으로 증명하는 것으로 귀착됩니다. 이때 당신은 배중률(제3항 배제 원칙, le principe du tiers exclu)을 적용하겠지요. "잘 구성된(해당 체계의 구문적 규칙에 따르는) 언표 p가 주어질 때, p가 참이거나 또는 p-아님이 참이며, 세 번째 가능성은 없다"라는 원칙을 말입니다. 이것은 놀라운 방식인데, 거짓인 가설만을 가지고 진리를 정립하기 때문이지요. 실제로, p-아님이 거짓임을 어떻게 증명하는가? 그저 그것이 참이라고 가정하고, 그 주장에서 이미 정립된 진리들과 모순되는 귀결들을 도출하는 거지요. 그런 다음 당신은 무모순율(le principe de non-contradiction)을 적용할 겁니다. p-아님이 어떤 참인 언표—q라고 합시다—와 모순되며, 서로 모순되는 두 언표가 모두 참일 수는 없으니, p-아님은 거짓이어야 한다는 방식으로 말입니다. 따라서 p는 참이 되겠지요.

당신은 증명의 놀라운 궤적을 보게 됩니다. 당신은 p가 참이라는 걸 확증하길 원하고, 이에 관한 자신의 근거가 있겠지요.(이것이 당신의 가설입니다.) 이런 목적으로, 당신은 "p-아님은 참"이라는 허구를 꾸며내지만, 이것이 거짓이기를 기대하는 겁니다! 그리고 이런 기대를 강화하기 위해, 당신은 이 허구의 귀결들을 유도하며, 집요한 논리를 통해 당신이 거짓이라고 생각하는 것으로 들어가겠지요. 앞서 참으로 증명된 언표와 명시적으로 모순되는 귀결과 맞닥뜨리기까지 말입니다. 참과 거짓 사이에서 제어와 규제에 따라 실행되는 이 항해는 내 생각에 전적으로 새로 출현하는 수학의 특징이며, 모든 계시된 진리 혹은 오직 시적인 힘만을 가지는 진리에 대해 수학이 도입하는 단절의 특징입니다. 그런데 파르메니데스에게서 이런 "어조"(ton)가 발견된다는 겁니다. 그 이유는 파르메니데스가, 존재는 존재하며 그것이 일차적인 진리임을 증명하기 위해, 먼저 비존재는 존재하지 않음을 확증하기 때문입니다. 그러니까 그는 귀류법으로 추론하는 셈이지요. 나의 결론은 명백합니다. 합리적인 철학과 수학은 동시에 태어났으며, 그러지 않을 수 없었다는 겁니다.

그리스인들 이후로, 고전 철학자들이 언제나 수학에 매우 많은 관심을 가졌다는 점을 상기시키셨습니다. 수학이 정말로 그들의 사유 체계에 영향을 미쳤을까요?

수학의 중요성을 설명하기 위해 철학자들 자신이 제시하는 근거들을 검토하는 것은 흥미로운 일입니다.

근대 철학의 정초자 데카르트를 생각해 봅시다. 나는 앞서 그가 매우 위대한 수학자임을 상기한 바 있습니다. 데카르트가 자신의 고유한 철학적 기획과 관련하여 수학에서 무엇을 받아들였는지는 명확

합니다. 바로 증명의 이상(idéal)이지요. 그에게, 철학적 텍스트는 수학의 특질인 "논거들이 이어지는 긴 사슬"의 형태를 취해야 합니다. 하지만 그가 또한 귀류법에 따른 우회를 이용한다고도 할 수 있겠지요. 실제로, 무엇인가의 실존 곧 외부 세계의 실존을 증명하기 위해, 그는 직접적으로 논의를 시작하지 않으며, 오히려 "절대적" 회의, 즉 모든 진리와 모든 경험의 허망함(néant)을 단언하기에 이르는 "과장된"(hyperbolique)[2] 의심이라는 허구를 만들어냅니다. 그러고 나서 그는 의심하고 있다는 바로 그 사실은 그에게 의심될 수 없음을 확인합니다. 이것이 그 유명한 코기토(Cogito)인데, 이는 의심이라는 절대적 부정의 부정을 통해 진리("나는 존재한다")의 "지점"을 확립하는 것입니다. 더구나, 신의 실존을 증명하기 위해, 그는 명시적으로 이번에는 대체로 구성적인 여러 증명들을 제시할 겁니다. 예를 들자면, 나는 무한 개념을 알지만 그럼에도 내가 유한하다는 점은 확실하며, 따라서 나 자신 안에 이러한 개념을 만들어 넣어준 무한한 존재의 실존이 필연적으로 귀결된다는 거지요. 그 증명의 세부 사항은 훨씬 복잡하고 훨씬 "수학적인" 것으로, 요컨대… 수학은 데카르트〔의 저술 전체〕에 편재합니다. 합리적 사유의 패러다임으로 말입니다.

계속해서 17세기에서, 스피노자의 예를 들어봅시다. 그는 『에티카』(Ethica)[3]의 첫 부분에서,[4] 수학이 없었다면 인간은 계속 무지에 머물

. . . .

2　데카르트의 '방법적 회의'를 지칭하는 데 사용할 경우, 이 단어를 '궁극의'라는 말로 옮기기도 하지만 원래의 뜻은 '과도한', '과장된' 정도이다.

렀을 것이라고 말합니다. 특히, "목적인"(causes finales)이나 신화나 초자연적인 힘의 작용을 가지고 모든 것을 설명하길 계속했을 것이기 때문이라는 거지요. 그러니까 스피노자는 스스로 자신의 윤리학을, 어떤 의미에서 그것이 수학의 실존에서 얻을 수 있는 귀결이라는 생각에 기입하는 셈입니다. 그에게 있어, 수학의 중요한 역할은 목적인에 의한 설명의 권위를 떨어뜨리고, 아리스토텔레스적 전통에서 여전히 매우 중요했던 목적성(finalité)을 철학의 장에서 추방하여, 연역적 〔추론의〕 연쇄에 머무르는 것입니다. 게다가 스피노자는, 플라톤이 그랬던 것처럼, 인식을 세 가지 종류로 구분합니다.[5] 첫 번째 종류의 인식은 감각적인 재현과 상상의 혼합이며, 일상적인 무지라고 말할 수 있을 어떤 것입니다. 두 번째 종류의 인식은 개념으로 정돈된 인식이자 빠짐없는 정확한 증명인데, 이에 관한 패러다임이 바로 수학입니다. 세 번째 종류의 인식은 **자연**(Nature) 혹은 **전체**(Totalité)라는 이름을 지닌 신과의 직관적 교통(fréquentation)이며, 이것이 진정하게 철학적인 인식이지요. 하지만 스피노자는 두 번째 종류의 인식을 얻을 수 없다면 세 번째 종류의 인식에 이르는 것이 불가능하다고 분명히 말하기도 합니다. 그리고, 뿐만 아니라, 스피노자는 그의 책을 당대의 수학적 논고들과 꼭 같이 에우클레이데스[6]의 『원론』(Stoicheia)

. . . .

3   보통 '에티카'라는 라틴어 제목으로 회자되는 이 책의 제목은 '윤리학'을 의미하며, 원제는 '기하학적 증명의 순서에 따른 윤리학'(Ethica, ordine geometrico demonstrata)이다.
4   『에티카』1부, 부록.
5   플라톤은 환상과 가시계와 가지계로, 스피노자는 제1, 2, 3종 인식으로.

2 철학과 수학 혹은 어떤 오랜 커플의 역사 • 39

을 모델로 삼아 구성하지요. 정의(definitions), 공준(postulats), 명제 (propositions) 등의 순서에 따른다는 말입니다. 따라서 철학은 more geometrico, 즉 기하학적 양식에 따라 제시됩니다. 철학과 수학 사이 에 내밀한 관계가 있다고 이야기할 수 있는 것입니다.

한 세기 후에, 칸트는 수학에 관해 뭐라고 할까요?『순수이성비판』 (*Kritik der Reinen Vernunft*) 서문에서,[7] 칸트는 철학이 실존하기 위해, 특 히 계몽의 정신 안에서 그가 정초하고자 하는 비판철학이 실존하기 위해 수학이 절대적으로 필수적임을 반복해서 말합니다. 그가 제기 하는 "과학들의 보편성은 어디에서 유래하는가?"라는 비판적 질문은 과학이 없었다면 실제로 제기될 필요도 없었겠지요. 그리고 수학이 없었다면―뉴턴이 그 증명이 되듯이―자연과학도 없었을 것입니다. 그는 또한 수학의 발명이 그의 생각으로는 탈레스라는 "단 한 사람 의 천재성"의 결과라고 덧붙이는데, 이 이야기는 언제나 내게 감동이 되었습니다. 그러니까 칸트 또한 수학의 출현이 역사적 필연이 아니 며 그것이 창의적인 우발성임을 보이려 하는 것입니다. 수학은 칸트 가 합리적 보편성의 유래에 관한 비판적 질문을 제기할 수 있도록 하 기 위해 창조된 것이 아니라, 어느 날 우연히 단 한 사람의 천재성에 의해 창조되었다는 것이지요. 마치 우발적인 아름다움(esthétique)처럼

· · · · · · · · · · · · ·

6 에우클레이데스(Eucleides, BCE 450?~BCE 380?): 알렉산드리아 출신의 고대 수학 자. 기하학의 아버지.
7 『순수이성비판』 2판 서문.

말입니다. 그러나 이 우발성(contingence)은 철학적 기획을 규정하는 비판적 질문의 가능성을 낳았습니다.

어쨌든 한 가지 논점을 더할 필요가 있는데, 이것은 우리가 이따가 이야기할 수학에 관한 두 가지 가능한 이해방식의 경합을 선취하여 수세기 동안 토론됩니다. 즉, 수학의 대상이 우리 바깥에 실존한다고 말하는 실재론적인(혹은 플라톤주의적인) 입장과, 수학이 순수한 창작물이며 특히 특수한 형식언어의 창작물이라고 말하는 형식주의적 입장의 경쟁에 관해서 말입니다. 칸트에게, 수학의 이해는 하나의 "선험적" 이해이며, 그것이 의미하는 바는 수학적 사유의 조직이 구체적인 경험에서 유래하는 것이 아니라 그 자체로 경험보다 이전에, 즉 경험적으로(a posteriori)가 아니라 선험적으로(a priori) 실존한다는 것이지요. 요컨대, 칸트는 형식과학들에서—그리고, 다른 질문이기는 하지만, 실험과학들에서도 마찬가지로—관건은 인간의 인식의 주체적 조직에, 그가 선험적 주체라 부르는 어떤 것에 있다고 주장합니다. 합리성이 보편적이라면, 칸트에게 그것은 실재(réel)를 건드리기에 보편적인 것이 아니라, 도리어 그것이 인식적 주체성 자체의 보편적 구조에 회부되기 때문에 보편적입니다. 만일 만인이 수학적 증명에 동의한다면, 이는 그것이 물자체(chose en soi)나 혹은 세계의 실재에 관련되는 어떤 것을 가리키기 때문이 아니라, 인간의 지성적 구조가 단 하나의 패러다임에 따르며 그 결과 한 사람을 위한 증명이 다른 사람을 위한 증명도 될 것이기 때문입니다. 나는 이것이 형식론적 테제의 정교화된 형태에 해당한다고 생각합니다. 한참 뒤에 비트겐슈타인에게,

수학은 여러 언어게임 가운데 하나일 뿐이며 특별히 절대시하지 말아야 할 무엇이었습니다. 칸트라면 그런 말을 하지 않을 텐데, 왜냐하면 그에게 수학은 실제로 보편적이며 우리의 오성(悟性, entendements, 이해력)은 그것을 반박할 수 없기 때문입니다. 하지만, 그것은 어쨌든 하나의 형식론, 이를테면 선험적 형식론이지요. 수학은 보편적인데, 그 까닭은 수학이 존재로서의 존재의 형식적 구조들을 사유하기 때문이 아니라, 모든 사람에게 같은 방식으로 규약화된(codé) 언어이기 때문인 것입니다. 그럼에도, 데카르트나 스피노자에게 그랬듯이 칸트가 보기에, 수학은 탈레스에 의해 발명되자마자 과학의 무한한 길을 열었으며, 수학이 존재하지 않았다면—어쨌든, 그리스인들이 논증 기하학과 산술을 발명하기 전에도 인간은 수만 년 동안 실존했을 터인데—철학적 문제(보편적으로 참인 판단들이 실존한다는 근거는 어디에서 유래하는가?)는 정식화될 수 없거나 혹은 대답을 얻을 수 없었을 것입니다.

　여기에서 선생님은 수학이 철학에 대해 모종의 우선권을 가진다고
　지적하시는 건가요?

이 사안에 관해서는 오직 두 개의 방향이 있을 뿐인데, 내가 보기에는 이 중 하나만이 타당합니다. 내 생각에 철학과 수학 사이의 근본적인 관계는 실제로, 이렇게 말해도 좋다면, 존경(révérence)의 관계일 겁니다. 철학 안에 있는 무언가가 수학에 머리를 조아린다는 것입니다. 만

일 실제로 철학이 수학에 머리를 숙이지 않는다면, 철학은 수학을 무시하고 거부하며, 비트겐슈타인처럼, 수학에는 인간 실존과 관련될 만한 것이 아무것도 없다고 생각하겠지요. 이것이 내가 이야기한 두 번째 방향으로, 나는 이에 결단코 반대하는 입장입니다. 둘 사이의 어중간한 방향은 없습니다. 물론, "신철학자"는 절대로 수학에 관심이 없다는 점을 우리는 분명히 압니다. 그는 여론이나 이슬람 종교, "전체주의", 지방 선거나 다른 많은 일에 관심을 보일지언정 수학에는 관심을 갖지 않습니다. 그리고 내가 보기에, 그것은 잘못된 태도입니다. 철학의 장구한 역사에 의해 천천히 만들어지고 조직된 합리성의 요구에 비추어 볼 때 잘못되었다는 것입니다. 다양한 철학자들의 최종 결론이나 단언 또는 입장이 어떤 것이든 말입니다. 수학을 향한 플라톤의 열정과 엄격하게 수학적인 무한 개념에 대한 헤겔의 심한 비판 사이에는 어떤 심연이 있습니다. 그러나 헤겔은 자기 시대의 수학을, 말하자면 오일러의 작업을 알았습니다. 그의 『논리학』에서, 헤겔은 미분 계산에 대한 심오한 주석을 내놓습니다. 내가 증오하는 것은 수학의 중요성에 대한 다양한 평가들이 아니라 그에 대한 무관심과 무지인데, 내가 보기에 이런 것들은 그들이 철학자를 자임하는 것을, 심지어 철학자(philosophe)라는 말에 "새로운"(nouveau)이라는 수식어를 붙인다 해도, 금지해야 하리만치 심각한 과오입니다. 그리고 나는 어떤 존경의 관계를 회상하기에 이르는데, 이는 철학이 수학과 진부한 인식론적 주제처럼 우연히 만나게 된 것일 수 없기 때문이고, 다시 말해 철학은 그 시작부터 수학에 사로잡혀 있을 수밖에 없기 때문입니다. 존재의 과학으로서, 수학은 처음부터, 우리가 철학에 입문하는 즉시 중요해집니다. 나는 플라톤의 **학교**가 내건 격률에 전적으로 동의하며, 나 자신을 위해 이를 되풀이하겠습니다. "기하학을 모른다면 누구라도 여기에 들어오지 못한다." 그리고 "여기"라는 말이 지칭하는 것은 단지 하나의 학교가 아니라 철학 자체입니다.

이 사안에서 중요한 요소는 또한 수학이 상당한 정도로 언어들의 개별성(singularité)에서 벗어난다는 사실과 관계됩니다. 물론, 중국에서 수학을 가르칠 때, 사람들은 중국어로 말하겠지만, 명백히 수학은 그 자체로 어떠한 언어에도 귀속되지 않습니다. 모종의 수학적 언어가 있기는 하지만, 그것은 프랑스어도 영어도 중국어도 아니지요. 어떤 면에서, 이 언어는 언제나 고정된 규칙들에 따라 일련의 기호들로 형식화할 수 있고 귀착될 수 있는 이상, 언어 바깥에 있습니다. 그러나 철학은 언제나 언어들의 다수성이라는 문제에 시달리며, 실제로 언제나 다음과 같이 자문하게 됩니다. "그런데 내 사유가 이 개별적인(singulière) 언어에 빚지는 것은 무엇인가? 한 언어의 개별성은 자칭 보편적인 나의 담론이 그 욕망하는 바와 같이 보편적인 것이 되지 못하도록 하는 무엇이 아닌가?" 그리고 잘 알려진 것처럼, 그럼에도 이렇게 단언하고 싶어 하는 몇몇 철학자들까지 있습니다. "그렇다. 하지만 어떤 언어들은 보편적인 영향력을 지닌다." 혹자는 독일어가, 다른 사람은—대체로 같은 사람이기는 하지만—그리스어가 그렇다고 주장했습니다. 데카르트가 이 질문은 그에게 전혀 중요하지 않으며 **이성**(Raison)은 어떠한 언어로도, 심지어 그가 명확히 말한 그대로

"브르타뉴 저지대 방언"(bas breton)으로도 동일하게 이해될 수 있다고 주장했던 드문 철학자들 중 한 사람이라는 점은 매우 주목할 만합니다. 하지만 이러한 언어들의 문제는 좋든 싫든 유효합니다. 그런데 수학은 바로 언어의 개별성을 우회하는 사유 절차지요. 어째서? 모어(母語, langue maternelle) 곧 일상에서 쓰는 언어는 엄밀히 말해 수학의 언어가 아니라 수학을 설명 혹은 수련하기 위한 언어이며, 그 둘은 같은 것이 아니기 때문입니다.

그렇다고 해서 내가 철학이 오직 수학의 언어에 감탄해야 하며 심지어 존경해야 한다고 생각하는 것은 아닙니다. 결코 그렇지 않아요! 수학은 존재 자체라는 가장 형식적인, 가장 추상적인, 가장 보편적으로 공백에 가까운 차원에 관심을 가지거나 집착합니다. 앞으로 보게 될 것처럼, 실존하는 모든 것이 다수성을 구성한다고 주장하기는 쉽습니다. 그렇다면, 우리는 수학이 다수성들에 어떤 확실한 일관성을 부여하는 다양한 형식들의 일반 이론이며, 이것이나 저것으로서 존재하는 것이 아니라 단지 존재하는 것으로서 존재하는 것에 관한 이론이라고 주장할 겁니다. 하지만, 사유와 존재로서의 존재의 관계는 당연히 주체들과 세계의 관계 전체가 아니고, 결코 그럴 수 없겠지요. 수학은 결코 가을 단풍과 여름 하늘 사이의 차이를 다루는 과학이 아니고, 수학이 이야기하는 것은 어쨌든 매우 단순하게 오로지 이 모든 것이 다수성들이라는 것, 다시 말해 공통적인 무언가를, 즉 존재의 사실을 지니는 형식들이라는 것입니다. 그리고 이 "공통적인" 것의 추상적 형식들이 바로 수학이 사유하려 하는 것입니다.

이는 철학적으로 필수적인, 그러나 분명히 충분치는 않은 경험입니다. 나 같은 경우엔, 적어도 시(poésie)를 사용합니다. 그런데 시는 언어의 다른 극단이지요. 왜냐하면 시는 언어가 이전에는 명명하지 못했던 어떤 것을 명명하도록 강제하기 위해 언어를 파고드는 무엇이기 때문입니다. 따라서 시는 모어 속으로, 어떤 언어의 개별성 속으로 파고듭니다. 그러나 언어의 이러한 개별성 내부에서, 시는 명명(dénomination), 전치(transposition), 은유적 비유 등의 작업에 전념하여, 결국에는 보편적인 무엇인가에 가 닿지요. 시 작품(poème)은 언어의 개별성을 그 한계까지, 언어 너머까지 확장한다고 말할 수 있습니다. 반면 수학은 곧바로 언어들의 개별성의 외부로 나아가지요. 두 길은 대조적이지만, 둘 다 실재의 방향으로, 보편성의 방향으로 향합니다.

하지만 오늘날 인도에서 발전한 수학이나 프랑스에서 발전한 수학이나 중국에서 발전한 수학이 동일한가요? 정말로 수학은 문화나 언어의 특수성에 영향을 받는 일이 거의 없습니까? 거기서 선생님이 상기하신 경탄할 만한 보편성을 확인할 수 있을 텐데요.

분명히 그렇지요. 진정한 인터내셔널(Internationale)[8]이 있다면, 오늘날 그것은 분명히 수학자들의 모임일 겁니다. 전 세계 사람들이 그러

. . . .

8 1864년에 결성된 국제 사회주의 조직 International Workingmen's Association의 약칭. 여기서는 수학자들이야말로 진정으로 국제적인 교류를 하고 있음을 빗대어 표현하고 있다.

듯, 의심의 여지 없이 그들은 서로 영어로 이야기합니다만, 무엇보다 우선 그들은 "수학을 말합니다". 마치 우리가 언젠가 모든 "공산주의 정치"를 영어로나마 말할 수 있어야 하는 것처럼…. 물론 각 나라의 색깔에 따른 수학의 학파들이, 혹은 수학의 "역사적 계기들"이 있지요. 중세에 수학적 사유의 수도는 이론의 여지 없이 바로 바그다드였다는 사실을 기억합시다. 그리고 이래저래 내가 들 수 있는 다른 예들이 있습니다. 프랑스 혁명기 또는 나폴레옹 치세에, 몽주[9]를 중심으로 하는 프랑스의 빛나는 기하학 학파가 있었습니다. 19세기 중엽에, 독일은 리만,[10] 데데킨트, 칸토어를 통해 그 빛을 발했습니다. 폴란드의 수리논리(logique mathématique) 학파는 지난 세기 2, 30년대에 특히 타르스키[11]를 통해 주목받았습니다. 매우 비범한 라마누잔[12] 이래 오늘날에 이르기까지 놀라운 모습을 이어가는 인도의 정수론(théorie des

· · · · · · · · · · · · ·

9   가스파르 몽주(Gaspard Monge, 1746~1818): 기하화법(제도의 수학적 기초)과 미분기하학의 창시자. 프랑스 대혁명기에 해군장관으로 봉직하기도 했으며, 에콜 폴리테크니크의 창설에 조력하기도 했다.

10   베른하르트 리만(Bernhard Riemann, 1826~66): 19세기 독일의 수학자로 해석학과 미분기하학 등에서 탁월한 업적을 남겼고, 그가 창안한 리만 기하학은 일반 상대성이론의 수학적 기초가 되었다. 또한 밀레니엄 문제들 중 하나로 선정된 리만 가설을 남기기도 했다.

11   알프레트 타르스키(Alfred Tarski, 1901~83): 폴란드 출신의 논리학자이자 수학자이자 철학자로 논리학과 수학기초론에 큰 영향을 미쳤다.

12   스리니바사 라마누잔(Srinivasa Ramanujan, 1887~1920): 정규교육을 거의 받지 못했음에도 해석학, 정수론 및 무한급수 등의 현대 수학 분야에 방대한 성과를 남긴 인물이다.

nombres) 학파를 이야기할 수 있겠지요. 또 한편으로, 이 영역에서 하디[13]로부터 와일스[14]에 이르는 영국인들은 다른 사람들에게 뒤처지지 않을 겁니다. 또한 러시아인들, 이탈리아인들, 미국인들, 브라질인들, 헝가리인들 등 여러 다른 예들을 언급할 수 있습니다. 수학이 세계 모든 지역에서 〔특정 분야의〕 토대를 놓는 천재들을 몇 명씩 등장시켰다는 점은 명백합니다. 그러나 매번 그들의 작업은 세계 수학자 협회에 의해 열정적으로 받아들여지며, 언어나 문화 문제가 중요하게 끼어드는 일은 없습니다. 따라서 우리는 그렇다고, 수학이 절대적이고도 가시적인 방식으로 나라별 특수성을 가로지른다고 말할 수 있습니다. 예술이나 당연하게도 정치처럼 가장 "문화적"으로 보이는 모든 진리 절차들이 그래야만 하고 또 장차 그러하듯, 그 특수성에 갇히지 않고서 말입니다. 이것은 그 자체의 고유한 가치인 보편성을 창조해 낸 철학이 수학자들의 인터내셔널을 존경해야 하는 추가적인 이유입니다.

그럼에도 오늘날 수학과 철학 사이의 대화가, 혹은 선생님이 상기하신 바로 그 존경이 이중적으로 단절되어 있다는 인상을 받게 됩니다. 선생님은 철학자들이 수학에 거의 관심을 가지지 않는다는 사

· · · · · · · · · · · · ·

13 고드프리 해럴드 하디(Godfrey Harold Hardy, 1877~1947): 라마누잔 등의 수학자들과 협력하여 수학계에 기여했다.(하디 스스로도 자신의 가장 큰 업적으로 라마누잔의 발견을 꼽기도 했다.)

14 앤드루 와일스(Andrew Wiles, 1953~): 1994년에 리처드 로런스 테일러의 도움을 받아 페르마의 마지막 정리를 증명하는 데 성공한 수학자이다.

48

실을 강조하셨습니다만, 대칭적으로 많은 수의 과학자들 곧 고등한
[연구를 수행하는] 물리학자나 수학자들도 자기 학문을 연구하면서
전혀 문제를 제기하지 않습니다. 마치 그들이 수학이나 과학 연구를
수행하면서도 그 보편성이나 그 고유한 진리에 대해 자문하지 않아
도 좋다고 정당화하는 일종의 실증주의가 정착되어 있는 것처럼 말
입니다. 선생님은 이런 세태를 어떻게 설명하시나요?

그 책임은 철학자들 쪽에 있습니다. 분명히, 나는 수학자들에게 책임
을 묻지 않습니다! 틀림없이 그들 중에도 철학자들이 몇 사람 있지
요. 앞서 이야기한 대로, 과거에는 데카르트에서 푸앵카레에 이르기
까지 분명히 그랬습니다만, 오늘날에도 여전히 그렇습니다. 내가 가
장 잘 아는 분야인 현대 집합론에 있어, 예컨대 우딘[15]—실수(實數)들
에 대한 고급 이론인 "기술적 집합론"(théorie descriptive des ensembles)
분야의 의심의 여지 없이 가장 인상적인 대가—의 숙고를 이야기할
수 있을 텐데, 그의 숙고는 "무한"이라는 말의 다양한 의미에 관한 것
이며, 부정할 수 없는 철학적 성질을 띱니다. 말하자면, 수학자들은
줄곧 자신의 만족을 위해, 혹은 자신과 같은 것을 이해하는 일곱 사람
의 동료들에게 과시하는 맛에 밤낮으로 수학을 연구할 권리가 있지
요. 그러니까 그들은 매번 수학이 존재론이냐 언어게임이냐 하는 질
문을 하지 않고도 어려운 문제에 푹 빠져 지낼 수 있다는 겁니다. 내

· · · · · · · · · · · ·

15   휴 우딘(Hugh Woodin, 1955~): 미국의 수학자. 집합론 분야 연구.

가 수학자들이 공유하는 철학에 대한 무관심을 기꺼이 용서하는 까닭은 그들이 자기 실존을 긴장되고 별 소득 없어 보이는 고통스러운 연구에 바쳐 인류 전체에 탁월하게 봉사하기 때문입니다.

그 밖에도, 있는 그대로를 이야기하자면, 수학자들 중에는 기인들 (gens bizarres)이, 고뇌하거나 특이한 주체성이라 할 법한 사람들이 꽤 있습니다. 페렐만[16]을 예로 들어보지요. 러시아 출신의 이 극히 천재적인 현대 수학자는 한 세기 전에 만들어졌으나 수많은 최고 전문가들의 노력에 저항했던 어떤 추측[17]을 증명했습니다. 음 그러니까, 그 사람은 숲속 오두막에서 은둔자같이 살면서, 대체로 세상과 단절한 채 자기 노모하고만 이야기한다지요. 모든 수학자들이 탐내는 필즈 메달도 거부하면서 말입니다…. 이 사람은 사실상 신비주의자라고 해야 할 텐데, 그런 의미에서 러시아 전통에 속한 일종의 영성주의적 철학자인 게지요. 집합론과 수리논리(logique mathématisée) 각 분야의 토대를 놓은 칸토어와 괴델[18]이라는 위대한 두 천재는 매우 특이합니다

· · · · · · · · · · · · ·

16　그리고리 페렐만(Grigori Perelman, 1966~): 러시아의 수학자. 밀레니엄 문제로 알려진 수학의 여러 난제들 중 하나인 3차원 공간의 푸앵카레 추측(Poincaré conjecture)을 증명하는 데 성공. 이 공로로 필즈 상을 비롯한 여러 상의 수상이 가능했으나 다 거부하고, 자신이 살던 작고 낡은 아파트에서 어머니와 함께 생활하며 언론이나 바깥세상과의 접촉을 거부한다고 알려져 있다.
17　푸앵카레 추측을 가리킨다. 3차원 공간에서 닫힌 곡선(폐곡선)이 하나의 점으로 모일 수 있다면 그 공간은 구로 변형될 수 있다는 추측이다.
18　쿠르트 괴델(Kurt Gödel, 1906~78): 오스트리아 태생의 미국 수학자이자 논리학자. 과학적 방법 위에 철학의 기초를 세우려 한 빈 학파에 속하며, 괴델의 정리와 불완전성의 정리를 발표하여 논리학 및 수학 기초론에 큰 영향을 미쳤다.

(singuliers). 전자는 무한에 관한 자신의 사유의 정통성을 확인해 달라고 교황에게 편지를 썼고, 이후에 셰익스피어는 셰익스피어가 아니라고 주장하는 새로운 이론을 만들기도 했습니다.[19] 두 번째 사람은 동료들이 수돗물에 독을 탈 거라고 두려워했다지요. 에바리스트 갈루아(Evariste Galois) 같은 젊은 천재를 봅시다. 대수학적 군이론(théorie algébrique des groupes)과 보다 일반적으로 보자면 근대 대수학을 쌓아 올린 구성적 정신의 창안자를 말입니다. 이 사람은 전형적으로 낭만주의적인 인물인데, 1830년의 "영광의 3일"(Trois Glorieuses)[20] 정신에 따라 반란에 참여한 죄목으로 체포되어 감옥에서 자신의 놀라운 사유를 밤낮으로 써내기도 했고, 1832년 방년 20세의 나이에 한 여자를 두고 멍청한 결투를 벌이다 사망했지요. 죽기 바로 전 가장 친한 친구에게 편지로 사실 이 여자가 결투까지 벌여야 할 가치는 없다고 말했는데도 말입니다. 물론 카를 프리드리히 가우스(Carl Friedrich Gauss)나 푸앵카레 같은 엄청난 천재들은 견실한 학자들이자 자신만의 사회적 우주 안에 확실하게 자리 잡은 사려 깊은 사람들이기도 했지요. 그러나 수학자들은 전적으로 시인들과 마찬가지로 무정부적이며 낭만

. . . .

19 칸토어는 자신의 수학적 업적이 인정받지 못하는 문제로 우울증을 겪었고, 그 이후로 수학보다는 철학과 문학 연구에 몰두했다고 한다. 이때 프랜시스 베이컨이 셰익스피어라는 이름으로 작품을 썼다는 주장을 펼친다.

20 나폴레옹 황제 폐위 이후, 부르봉 왕가의 복귀(샤를 10세)를 종식하고 입헌군주국을 선언한 1830년 7월 혁명을 지칭하는 말. 이 봉기가 그 달의 27~29일의 3일간 진행되었던 까닭에 이런 이름으로 불린다.

적일 수 있고, 혹은 관조적이면서 은둔적일 수 있는 사람들입니다. 왜
냐하면 수학에서 결국 중요한 것은 불확실한 작업으로 여러 밤을 지
새운 끝에 찾아오는 일종의 우발적인 직관을 통한 발견이기 때문입니
다. 푸앵카레가 여러 주 전부터 해결하려 애썼던 문제가 버스에 타려
고 걸음을 내디딜 때 갑자기 해명되더라고 설명하는 유명한 텍스트가
있지요. 수학이란 게 그렇기도 합니다. 그러니까 그들에게 시비를 걸
거나 하지 맙시다. 지배적인 반동적 정치의 강화를 유일한 목적으로
삼는 "신수학자들"(nouveuaux mathématiciens) 같은 건 없으니까 말입
니다. 그것만 해도 다행이 아닐지….

　그러니까 철학과 수학이 서로 멀어진다면 그건 철학자들 탓이라는
말씀인가요?

절대로 그렇지요. 그리고 단순히 그들의 부분적인 퇴보 탓이 아니라,
철학자들이 특정한 순간부터—검토할 필요가 있는 몇 가지 구실이
나 이유로 인해—철학이 내가 철학의 조건들이라 명명하며 네 가지
"유(類)들"(genres)로 환원하는 것 전부를 담당할 수 있다고, 내가 진
리라고 명명하는 무언가의 각각의 형식들을 담당할 수 있다고 믿기를
그만두었던 탓입니다. 그 형식들이란 과학이라는 인지적 진리, 예술
이라는 감성적 진리, 정치라는 집합적 진리, 그리고 사랑이라는 실존
적 진리입니다. 우리 시대의 전문 철학자들 대부분은—명확히 헤겔
의 시대나 콩트, 설이나 바슐라르의 시대에도 단언했던 것처럼—철

학이 최소한 매우 복합적인 조건들의 체계와 가능한 한 광범위한 실재적 관계를 가져야 한다고 믿기를 그만뒀습니다. 그들 곧 우리의 전문 철학자들은 전문화된 철학의 견해에 실제로는 아무런 의미가 없다고 생각하지 않게 된 것입니다. 철학이 이것 또는 저것의 철학이 될 수 있고, 특수한 "대상"을 가져야 한다는 생각, 그런 생각은, 그 말이 갖는 가장 나쁜 의미로, 라캉이 "대학 담론"(discours de l'Université)[21] 이라 부르는 어떤 것에 지배됩니다. 철학은 철학이며, 다시 말해 과학이나 예술, 정치나 사랑에 대한 단독적이면서도 전체적인 관계를 지탱하는 무엇입니다. 그러니까 거기에는 철학의 심각한 타협이 있다는 것이지요.

....

21 '대학 담론'은 주인과 노예 관계에 기반한 '주인 담론', 지배당하는 자가 주인에게 자신의 정체성을 묻지만 결코 원하는 답을 얻지 못하기에 주인의 지위가 흔들리게 되는 '히스테리증자 담론', 결국 양자 모두가 평등한 관계에 위치하게 되어 치료의 결과를 나타내는 '분석가 담론' 등과 함께 라캉의 네 가지 담론으로 알려진 것들 중 하나이다. '대학 담론'은 숨겨진 의미에서의 주인 담론으로 볼 수도 있는데, 이 담론에서는 지식이 주인 혹은 지배자의 위치에 놓여 교육 대상을 체제의 지식 속에 흡수하려 하기 때문이다. 그러나 교육은 성공하지 못하고 분열된 주체를 생산하게 되며, 바디우는 이를 철학과 수학의 관계에 빗대어 말하는 것으로 보인다. 말하자면 철학이 특수한 대상(수학 혹은 과학)의 지식이 되어 수학을 철학의 지식체계 속에 끌어들이려 하나, 이는 성공하지 못하고 둘 사이의 분열로 귀결될 것이라는 의미이다. 바디우는 수학 혹은 과학을 진리 생산의 절차로 보고 철학의 조건으로 설정함으로써 철학의 위치를 안정화하는데, 이러한 구도는 철학과 수학 혹은 과학의 관계를 동등하게 놓음으로써 분석가 담론에 가까운 귀결이라 볼 수 있을 것이다.

이러한 타협은, 수학과 철학 사이의 이러한 "분리"는 역사적으로 언제 일어났습니까?

내 생각에 19세기 말부터 시작된, 그러니까 어떤 의미에서 내가 기꺼이 반철학적이라 칭하는 전환점이 문제가 됩니다. 니체나 비트겐슈타인 같은 주역들, 그러니까 내가 천재라고 인정하지만 플라톤 이래 철학이 취해온 방향이 결코 아닌 방향으로 철학의 기획을 수정한 스타들로 시작된 전환점 말입니다. 특히, 철학의 *완전하며* 체계적인 성격을 감당해야 한다는 생각을 버린 것이 바로 이들입니다. 그래서 수학에 대한 무관심의 가능성이 싹튼 것입니다. 내가 보기에, 이 단절은 19세기 말부터 전개된 수학이 바로 가장 본질적인 철학 개념들에서 많은 내용(beaucoup de choses)을 전복한 수학이라는 점에서 더욱 심각합니다.

〔그러한 수학에 관해〕 한 가지 예를 들어주실 수 있을까요?

나는 무한 개념, 이 개념의 역사, 그 문제와 귀결들의 동시대적 상태를 예로 들고자 합니다. 오로지 이 사안에 국한해서 보자면, 지난 50년 동안, 새롭고도 심층적인 놀라운 연구들이 수학에서 전개되었습니다. 만약 당신이 이를 알지 못한다면, "무한"이라는 말을 입에 올릴 때, 당신은 실제로 자신이 무엇에 관해 말하는지 알지 못하는 일이 벌어집니다. 왜냐하면, 수학자들이 이 개념을 작동시켜서, 이 개념을 상상을 초월할 정도의 복잡성으로 이끌어 갔으니까요. 당신이 새로운 수학적 무한의 형상들에 관해 70년대에서 80년대 사이에 나온 특정한 정리들을 알지 못한다면, 무한이라는 단어를 거론할 가치도 없을 겁니다. 최소한 합리적 사유의 맥락에서라면.

마찬가지로, 철학에서도 "논리"에 관해 계속 이야기하지만, 변함없는 형식적 재창조라는 층위에서 논리에 일어나는 일을 면밀히 살피지 않는다면, 당신은 "논리"라는 말에 관해 어설프고 잘못된 이해를 하는 셈입니다. 실제로, 오늘날 논리(logique) 혹은 보다 정확히 말해서 논리들(logiques)은 수학의 일부분이 되었습니다. 이에 관해서는 재론하게 되겠지만, 어쨌든 분명한 것은 철학자는 논리를 무시할 수 없으며, 따라서 오늘날 수학화된 논리를 무시할 수 없다는 점입니다.

이 두 예가 보여주는 바는, 수학에서 분리될 경우 철학은 구렁텅이에 빠지게 되며, 철학에 필요한 상당히 많은 수의 개념들이 순전한 무지의 효과로 인해 폐기될 것이라는 점입니다.

요컨대, 나는 수학과 철학 사이에 단절이 있다고 말하겠습니다. 이 단절에는 역사적인 이유들이 있습니다. 헤겔에서 사르트르의 실존주의에 이르기까지 지속된 철학적 낭만주의는 분석과 증명을 요하는 합리성에서 멀어졌습니다. 그리고 프랑스 혁명 시기로부터 **역사**(Histoire)에 관한 새로운 관심이 운동, 혁명, 그리고 부정성을 중시하고, 정립되는 즉시 초시간적인 것이 되는 수학적 진리들에 관한 영원의 관점에 따른(sub specie aeternitatis)[22] 종류의 관조를 희생시켰던 것이지요. 또한 제도적인 이유도 있었습니다. 분과학들의 아카데미적(인습적, académique) 분리 심화, 문과(littéraires) 교육과 이과(scientiques) 교육이라는 크게 동떨어진 두 집단으로 나눠놓은 구성이 그런 것입니다. 어쨌든, 이 단절은 철학 자체의 관점에서 재앙적인 효과를 가져왔습니다. 철학에서 계속 통용되는 개념들에 관해 그것들의 실존과 형성의 실재적 조건들이 폐기되게 만들었고, 철학자들은 수학자들이 이 개념들에 관해 정의하고 증명하는 것들보다 몇 킬로미터는 뒤처지게 되었지요.

이를 개선하는 것이 지난한 작업이 될까 우려스럽지만, 우리는 한편으로 수학의 즐거움을 널리 알리기 시작해야 하고, 다른 한편으로 합리적 형이상학의 야심을 재건하기 시작해야 합니다.

· · · · · · · · · · · · ·

22   Sub specie aeternitatis: 직역할 때 '영원의 상 아래', 의미로는 '영원의 관점에서 볼 때' 정도로 번역되는 스피노자 특유의 표현이다.(『에티카』 5부 정리 23 주해) 현실에서 시간에 얽매인 부분에 대한 준거나 의존 없이 영원히 보편적이며 참된 어떤 것을 말하는 표현으로, 여기서 바디우는 이 표현을 수학적 진리에 할당하고 시대나 제도적 여건으로 인해 철학이 수학의 합리성이나 증명과 분리될 수밖에 없었던 저간의 사정에 관해 이야기한다.

3

수학은
무엇에 관해
이야기하는가?

더 나아가기 전에, 수학이 무엇인지 좀 더 정확히 정의해 두는 것이 중요해 보입니다. 버트런드 러셀은 말했습니다. 수학은 "우리가 이야기하고 있는 것이 무엇인지 알 수 없으며, 우리가 말하는 것이 참인지 아닌지 결코 알 수 없는" 분야라고 말입니다. 하지만 선생님께서 약간 더 이야기해 주실 수 있으시지요?

고약한 러셀! 나는 먼저 수학의 정의에 관한 질문이 수학적 질문이 아니라는 점을 지적하고 싶습니다. 이건 매우 중요한 논점입니다. "수학은 무엇인가?"라는 질문에 들어가는 즉시, 당신은 철학 속으로 이동하게 되며, 철학을 하게 되는 겁니다. 철학자들은 이런 질문에 매우 관심이 많고, 또한 몇몇 수학자들—가장 방대한 백과사전적 소양을 가진 사람들—이나 푸앵카레 혹은 최근에는 알렉산더 그로텐디크

(Alexander Grothendieck) 같은 수학자들의 관심을 불러일으키는 데 성공했지요. 하지만 그건 여전히 철학적 질문일 뿐입니다.

우리는 분명히 일종의 기초적인 서술에서 시작할 수 있습니다. 그리스인들 이래, 수학은 유기적으로 맞물린 여러 분야들을 다뤄왔습니다. 그리스인들에게 이러한 관련 영역은 본질적으로 둘이 있습니다. 먼저 기하학이 있는데, 이것은 공간에 배치된 대상들이나 구조들을 연구하지요. 2차원에서라면 평면기하(삼각형, 원 등), 또는 3차원에서라면 정확한 의미에서 공간기하(입방체, 구 등)라고 하겠지요. 이어서 산술(계산법, arithmétique)이 있는데, 이것은 수들을 연구합니다. 이 둘 사이를 잇는 연결고리는 측정(mesure)이라는 매우 중요하고도 어려운 문제입니다. 선분(segment de droite)은 일단 단위(unité)로 고정되고 나면 길이를 지니는데, 그것이 바로 하나의 수입니다. 그 때문에 즉시 매우 복잡한 난점들이 생기는데, 이 난점들은 증명적 수학의 시초에서부터 기하학과 산술 사이의 일종의 혼합물을 만들어내지요. 매우 잘 알려진 예를 들자면, 원의 반지름의 길이를 알 때 원 자체의 길이[원둘레 길이]를 계산할 수 있지 않습니까? 바로 거기에서 π라는 수가 등장하지요. R이 원의 반지름의 길이라면, 원 자체의 길이는 $2\pi R$입니다. 놀라운 것은 π라는 수의 실재적 본질이 19세기나 되어서야 밝혀졌다는 점이지요. 그때에야 비로소 π가 어떤 이유로 정수(整數)일 수 없으며, 두 정수의 비율(분수, 그러니까 유리수라고도 불리는 수)도 아니며, 그렇다고 계수가 정수인 방정식의 해(解)도 아닌지 증명됐을 겁니다.(그런데 이건 쉬운 일이 아니지요!) 모든 단순 계산에 저항하는 이런 수들은 이제 "초월적인" 수들[1]이라 불리며, 그것들만으로 근대 산술의 중요한 일부를 이룹니다.

"공간적" 구조들과 "수적" 구조들 사이의 이 근본적인 구별은 오늘날 훨씬 확장된 형식으로 유지됩니다. 지난 세기 30년대에 프랑스에서 자칭 "부르바키"[2]라는 수학자 그룹에 의해 착수된 현대 수학의 중요한 "총합적" 논고는 단숨에 대수학적 구조들—계산이 구성될 수 있게 하는 구조들(덧셈, 뺄셈, 나눗셈, 근의 추출 등)—과 위상학적 구조들—공간적 배치들(근방voisinages, 내부와 외부, 연결, 열린 것과 닫힌 것 등)을 사유할 수 있게 하는 구조들—을 구별합니다. 우리는 거기에서 산술과 기하학 사이 구별의 분명한 계승을 봅니다. 가장 복잡하면서도 가장 재미있는 수학 문제들은 분명히 두 가지 정향을 조합하는 문제들, 특히 무시무시한 대수기하학(géométrie algébrique) 문제들입니다.

그러나 우리는 여기에서 단지 기초적인 서술적 층위에 있을 뿐이지요. 참된 철학적 문제는 탐구 분야에 상관없이 수학적 사유 일반의 본성이 어떤 것인지 아는 것입니다. 그런데 이 질문에 관해서, 역사적

• • • • • • • • • • • •

1   초월적인 수(nombres transcendants) 혹은 초월수란 정수나 유리수의 계수로 이루어진 어떤 방정식의 해로 나타낼 수 없는 실수나 복소수를 지칭하는 다른 말이다. π나 자연로그의 밑이 되는 e가 대표적인 예.
2   부르바키 그룹은 주로 파리의 고등사범학교 동창생들로 이루어진 수학자 그룹이 집단적으로 사용한 니콜라 부르바키(Nicolas Bourabaki)라는 필명에서 나온 명칭이다. 이들은 1935년부터 현대 수학을 집합론에 기초하여 체계적으로 집대성한다는 야망으로 일련의 새로운 교과서를 저술했던 것으로 알려져 있다.

으로 매우 다양해 보이는 대답들이 있었지요. 하지만 내가 생각하기로는, 조금 전에 이야기했듯이, 두 가지 주요한 방향이 있습니다. 먼저, 수학을 존재론적 성향(vocation) 또는 최소한 "실재론적" 성향이라 해야 할, 수학자들 스스로는 흔히들 "플라톤주의적"이라 말하는 성향 쪽으로 이끕니다. 사안에 대한 이러한 시각에서, 수학은 거기 있는 어떤 것, 존재하는 어떤 것에 관한 사유의 일부분입니다. 어떤 층위에서, 어떤 방식으로 그런 것인지 등은 알기가 상당히 복잡합니다. 하지만 이 단계에서는 수학이 가장 포착되기 어려운 것을 비롯한 어떤 실재에 대한 접근 양식이라고 해봅시다. 그리고 이것은 본질적으로, 실존하는 무언가에는 어떤 의미에서 비(非)물질적이라 할 수 있는 일반성이나 보편성의 층위가 있다고 가정해야 하기 때문입니다. 실존하는 모든 것에서 발견되는 구조들이 있습니다. 있는 그대로의 그러한 구조들, 곧 구조적 가능성들에 대한 연구가 바로 수학의 관건입니다.

이 점은 매우 기묘한, 심지어 아인슈타인도 놀라워했던 사안, 그러니까 물리학이, 다시 말해 현실 세계의 과학 이론이 수학 없이 실존할 수 없다는 사안까지도 설명합니다. 이러한 물리학의 창시자들 중 하나였던 갈릴레이가 개괄해 말한 바에 따를 때, 세계는 수학적 언어로 쓰여 있습니다. 이 첫 번째 정향은 수학이 실존하는 것 전체와 본질적으로 관련되어 있다고 단언합니다.

그리고 또 내가 "형식론적"이라 칭하는 다른 정향이 있습니다만, 이 정향은 수학이 단순한 언어게임이라고, 달리 말해 확실히 형식적으로 엄격한 언어의 규약화(codification)라고 말하지요. 연역이나 증명

개념은 실제로 규범적이고 형식화되어 있지만, 이 엄격함 없이는 경험적 현실과의 항시적 관련성을 내세울 수 없다는 이유에서 말입니다. 이러한 테제를 옹호하며 종종 개진되는 논변은 "결국, 수학의 공리들은 변할 수 있"으며, 따라서 수학적으로 가능한 복수(複數)의 우주가 있다는 것입니다. 이 논쟁은 19세기 초부터 시작되었지요. 사람들이 복수의 기하학이 가능하다는 걸 알게 되면서 말입니다. 유클리드 기하학이 그때까지 지배적이었지만, 또한 로바쳅스키 기하학이나 또 그 이후의 리만 기하학도 있습니다.[3] 이 역사를 상기해 봅시다. 여러 세기 동안, 수학자들은 어떤 직선 외부에 있는 한 점을 통과하면서 앞의 직선에 대해 평행한 직선은 단 하나뿐이라는 것을 명백한 사실로 받아들였지요.[4] 이 명백한 사실은 우리 지각의 지시에 따른 것이었습니다. 많은 수학자들이 고전 기하학의 다른 공리들에 입각하여 이 명증성을 증명하려 수없이 시도했습니다만 성공하지 못했지요. 그러나 이때 니콜라이 로바쳅스키(Nikolai Lobatchevski)가 그 공리를 던

....

3 유클리드 기하학의 공준들을 준수하지 않는 기하학을 비유클리드 기하학이라 칭하며, 쌍곡 기하학(로바쳅스키 기하학)과 타원 기하학(구형을 모델로 한 리만 기하학 포함)이 있다.
4 임의의 점과 다른 한 점을 연결하는 직선은 하나뿐(①)이라는 것은 유클리드 기하학의 다섯 가지 공준들 중 하나. 나머지 네 가지는 각각 다음과 같다. ② 임의의 선분은 양 끝으로 얼마든지 연장될 수 있다. ③ 주어진 점을 중심으로 임의의 길이를 반지름으로 하는 원을 그릴 수 있다. ④ 직각은 모두 서로 같다. ⑤ 두 직선이 한 직선과 교차하며 두 직선과 한 직선이 만드는 안쪽 두 각의 합이 직각의 두 배보다 작을 경우, 두 직선을 무한정하게 연장한다면 두 직선은 반드시 만난다(평행선 공리).

져버리고(1829년), 어떤 주어진 직선에 평행한 여러 개의 직선이 임의의 한 점을 지날 수 있다고 선언했던 겁니다. 그리고 모순에 이르기는커녕, 그런 방식으로 유클리드 기하학과는 다르지만 정합적이면서도 〔사용할 자원이〕 풍부한 기하학을 발명했지요. 이후에, 리만은 주어진 어떤 한 직선에 대해 평행한 직선은 없다는 공리를 상정했습니다(1854년). 그리고 이 공리는 다른 고전적 공리들과 정합적일 뿐만 아니라, 아인슈타인과 상대성 물리학에 하나의 자연스러운 기하학적 틀을 제공했습니다. 또 온갖 종류의 수학적 구조들이 넘쳐나는 오늘날, 우리는 실제로 이 모든 것이 일종의 자유로운 인간적 발명에 속한다고 느낄 수 있겠지요. 이 발명에서는 최초의 원리들과 공리들과 특수한 논리적 규칙들이 주어지고 이로부터 귀결들이 도출되지만, 결국에는 형식적인 게임(jeu)일 뿐입니다. 증명 절차들을 규칙들—게임 규칙들—로 그리고 공리들을 게임의 초기 자료들로 식별해야 하는 하나의 고등한 정신 게임인 것이지요. 그리고 그 귀결들은, 최초의 자료들에 규칙들을 적용함으로써 얻는 것들입니다. 그러므로, 하나의 훌륭한 정리(定理)란 오로지 잘 해낸 게임, 즉 이긴 게임일 따름입니다. 잘 알려진 것처럼, 매우 훌륭한 능력을 가지고 이런 길로 들어섰던 사람이 바로 반철학적 논리학자 루트비히 비트겐슈타인(Ludwig Wittgenstein)입니다. 내가 보기에, 그가 수학을 순수한 언어게임으로, 결국 진정한 심각성이 없는 무엇으로 간주했으며, 마침내 동시대 수학의 가장 높은 야망들에 대한 일종의 아이러니한 경멸에 이르게 되었다는 점이 징후적입니다. 예를 들어 비트겐슈타인은 집합론에 조롱을 퍼부었습니다. 사실, 순수 논리에 있어서나 집합론에 있어서나 가장 위대한 창시자들 중 한 사람인 괴델은 확신에 찬 플라톤주의자이지요. 실재론적 정향과 형식주의적 정향—또는 언어적 정향—사이의 갈등은 너무 격렬해서, 지난 세기 내내, 논쟁의 여지가 없을 천재들, 철학자들 그리고/또는 수학자들을 서로 적대하는 진영들에서 발견할 수 있을 정도였습니다. 그러나 진실을 말하자면, 수학이 무엇이냐에 관한 이런 논쟁은 그 시초부터 있었습니다. 나는 아리스토텔레스가 수학을 무엇보다 미학적인 것(ésthetiques)으로 여겼다는 점을 떠올린 바 있지요. 그러니까 그는 수학을 실재와 아무런 관련성도 없는, 즉 어떤 사유의 향유(즐김, jouissance)를 생산하는 임의적 창조물로 봤던 겁니다. 반대로 플라톤에게 수학은 보편적인 합리적 지식의 기초였습니다. 즉, 철학자는 절대적으로 수학에서 출발해야 한다는 겁니다. 철학자가 수학을 넘어선다 하더라도, 그의 최초의 도제수업은 수학 수업인 겁니다. 예컨대 플라톤은 정치 지도자들이 최소한 10년은 고등 수학을 공부하는 편이 좋다고 생각했습니다. 플라톤은 그들이 최소한에 만족해서는 안 된다고 지적합니다. 특히 공간기하학을 해야만 하기 때문이지요. 공간기하학은 플라톤의 시대에 탄생했고, 우리는 플라톤에게 있어 이상 국가를 책임질 참된 지도자는 뛰어난 수학자 앙리 푸앵카레와 유사하다고 할 수 있습니다. 매우 반동적인 대통령이었고 1914~18년의 전쟁에 주된 책임이 있는 레몽 푸앵카레(Raymond Poincaré)[5]가 아니라 말입니다. 본질적으로, 플라톤에게 있어, 좋은 방법은 국가(République)의 대통령으로 노벨 상이나 필즈 상

수상자를 선택하는 것이었겠지요. 여기서 우리는 이것이 오늘날 대세인 방법과는 완전히 다른 정치적 선택지임을 알게 됩니다….

수학에 대한 형식론적 이해에서, 최초의 공리들은 임의적이며 우리의 직관에서 풀려나 있고, 달리 말해서 절대적인 진리라는 척도가 결여된 위치에 있습니다. 하지만 그것은 실제로 상당히 부자연스럽지 않습니까? 예컨대 정말로 어떤 임의적인 정의가 자연수(entiers naturels) 같은 수학적 대상을 만들어낸다고 생각할 수 있을까요? 오히려 자연수가 선존하고(préexistent), 우리가 공리들로 표현하고 형식화할 필연적인 속성들을 가지고 있는 건 아닐까요? 예를 들어, 러셀이 집합론에 의거하여 수 개념을 재구축할 때, 모든 3개 1조(trios), 곧 세 개의 원소를 셈하는 집합들은 3이라는 수와 연결될 집합들의 그룹(famille)을 형성합니다. 그건 당연합니다. 그런데 우리에게 먼저 3이라는 수에 대한 직관이 없다면 정말로 3개 1조를 말할 수 있을까요? 거기에는 기묘한 속임수 같은 게 있는 건 아닐까요?

그건 그렇지요. 틀림없이… 그런데 아시다시피, 3이라는 수의 직관이란 건 어쩌면 인간 동물이 태어나면서부터 이해할 수 있는 것이었는지도 모르겠지만, 그럼에도 그 자체로 어떤 수학적인 것을 전달하지는 않아요. 반면 당신이 235,678,981이라는 수를 쓴다면, 그건 어

....

5 1차 세계대전 시기 프랑스 대통령, 수학자 앙리 푸앵카레의 사촌.

66

떤 종류의 직관과도 일치하지 않겠지요. 그것이 의미하는 것은 당신이 그 수를 235,678,982와 직관적으로 구별할 수 있다는 사실 외에 아무것도 없습니다. 쓰기(ecriture)에 의해서가 아니라면 말입니다. 그런데 무엇을 쓰는 것일까요? 바로 거기에 모든 질문이 있어요. 당신이 235,678,982가 235,678,981이라는 수를 "후계하는"(successeur) 수라고 말한다면, 여기서 수학적 사고가 희미하게 나타나겠지요. 그러나 그럴 때 당신은 정작 중요한 게 "후계하는"이라는 말임을 알 것이고, 이 말이 사실상 어떤 연산을 그리고 결국에는 어떤 구조를—이경우에는 덧셈의 연산이나 구조가 되겠습니다만—지시함을 알 겁니다. 만일 어떤 수 n이 있다면, n이 무엇이든 상관없이 수 n+1 또한 있을 텐데, 이 수는 n의 후계수(le successeur)라고 명명되겠지요. 그러나 왜 "그"(le) 후계수일까요? 여러 개의 후계수가 있을 수는 없을까요? 아니지요. 그건 불가능합니다. 자연수의 덧셈 구조가 n과 n+1 사이에 어떤 수도 없어야 한다고 요구하니까요. 하지만 그때 당신은 내게 묻겠지요. "사이"는 무엇을 의미할까요? 글쎄요, 이 말은 어떤 다른 구조 곧 순서(ordre)의 구조를 지시하며, 이 구조는 "더 크다"(plus grand)나 "더 작다"(plus petit)라는 개념들을 형식화합니다(그리고 근본적으로 전환합니다). 만일 n이 q보다 작고 q가 r보다 작다면, q는 n과 r "사이에" 위치합니다. 모든 사람에게 알려진 표기법은 이를 거의 공간적인 방식으로 나타냅니다. 실제로 n<q<r로 쓰이지요. 이 모든 것은 어쨌든 자연수에 대수학적인 덧셈 구조와 순서 구조가 주어진다는 이야기로 귀착됩니다. 그러면 우리는 이 순서 구조가 다음과 같은

의미에서 "이산적"(불연속적, discrète)임을 알 수 있습니다. 즉, 정렬된 (ordonnée) 연쇄에 "구멍" 또는 "공란"이 있다는 의미에서 말입니다. 실제로, n과 n+1 사이에는 그 어떤 자연수도 없습니다. 자연수만을 고려하자면, 정말로 n과 n+1 사이에 아무것도 없다고 말할 수 있습니다. 이 "무"(無, rien, 아무것도 없음)는, 그게 하나의 수라고 한다면(아랍의 대수학자들이 최초로 단행했던 것처럼), "영"(零, zéro)이라는 이름으로 덧셈 구조에 들어가게 되지요. 만일 영을 어떤 수 n에 더한다면, 여전히 n이라는 답을 얻게 되는 방식으로 말입니다. 영은 덧셈에 있어 중립적인 요소라는 거지요. 그리고 영은 또한 순서 구조에 들어가게 될 터인데, 영이 무(rien)의 이름으로서 확실히 모든 다른 〔자연적인〕 수보다 작다는 점에서 그렇습니다. 그러므로 〔자연수〕 순서의 구조에 있어, 영은 최솟값이 되겠지요.

  이런 방식으로 당신은 수의 구조들—덧셈, 곱셈, 나눗셈, 소인수 분해 등등—간의 유기적 결합에 자연수들을 계속 펼쳐놓을 수 있습니다. 그러면 당신은 1이나 2나 3에 대한 시원적이며 수학 아래에 깔린(inframathématique) 직관과는 관계없이 기초 산술이라는 멋진 과학을 구성한 겁니다. 이런 조건들에서는 자연수들이 구조적 복잡함으로 환원될 수 있으며, 그 자체는 다른 이른바 직관들의 형식적 실체를 얻기 위해 수정될 수 있는 공리들의 결과라고 말하고 싶은 유혹이 상당하지요. 하나만 예를 들어보지요. 우리는 수 n과 n+1 사이에, 그러니까 우리가 n<n+1이라 밝힌 관계에서, 어떤 수도 실존하지 않는다고 말한 바 있습니다. 그 간격은 비어 있고, 그건 하나의 구멍이지요. (자

연수로 이루어진) 분수(fractions)에 있어서는 그렇지 않다는 걸 확인할 수 있습니다. 만일 a/b<c/d라면, 둘 사이에 위치한 적어도 하나의 분수가 분명히 있을 겁니다. 그걸 알아보기 위해서, 예컨대 두 분수의 합을 취해 둘로 나눠봅시다. 말하자면(계산을 해보세요. 내가 여기에서 그리고 이 텍스트 전체에서 요구하는 건 그저 두 분수를 더할 줄 아는 것입니다….) (ad + bc)/2bd이겠지요.[6] 그리고 이어서 당신은 이 분수가 a/b보다는 크고 c/d보다는 작으며, 따라서 이 둘 사이에 위치한다는 점을 보이는 것이지요.(실제로, 그 수는 두 분수 사이 정확히 중간에 있습니다.) 결과적으로, 이 분수들의 순서는 이산적〔불연속적〕이지 않습니다. 즉, 그것은 조밀한(dense) 순서인데, 이것이 의미하는 바는 무엇보다 서로 다른 두 분수 사이에는 언제나 두 분수와 다른 세 번째 분수가 적어도 하나 있다는 겁니다. 정말로 첫 번째 분수 a/b와 (ad + bc)/2bd라는 분수—a/b와 c/d 사이 간격 "중간"에 있음을 보였던—사이에는, 그러니까 동일한 구성을 하자면 또 하나의 분수가 있을 수밖에 없지요. 그리고 이 과정이 "무한하게" 계속될 수 있기에, 우리는 매우 강력한 결론에 이르게 됩니다. 두 상이한 분수 사이에는 언제나 무한히 많은 분수들이 있다는 것입니다. 이산적인 순서와 조밀한 순서의 대립에 의미를 제공하는 것은 "아무것도" 있을 수 없는 거기에(연속되는 두 자연수 사이에), 무한이 있다는 점입니다(두 상이한 분수 사이에).

당신은 이런 질문을 제기할 수 있겠지요. 분수들에 관해서는 가능

....

6   (a/b+c/d)/2=(ad/bd+bc/bd)/2={(ad+bc)/bd}/(2/1)=(ad+bc)/2bd

한 무한성의 증명이 어떤 이유로 결국 분수이기도 한 연속되는 두 자연수에 관해서는 가능하지 않은가? 나는 n을 "n 나누기 1" 즉 n/1으로 쓸 수 있습니다. 그리고 n의 후계수는 (n+1)/1로 쓸 수 있겠지요. 그래서? 그래서 앞에서 했던 계산을 하면 그 결과는 분명히 n과 n+1 "사이에" 있는 n+1/2이지만, 이건 문제가 있는데… 이 수는 자연수가 아니니 말입니다. 이 계산은 분수의 구조(양의 유리수의 구조)에서라면 가능하지만, 자연수들에서라면 그렇지 않다는 겁니다.

이런 방식으로, 관계들이 개체들 또는 대상들보다 우위에 있는 듯 보이며, 또한 그것들의 본성과 속성들을 결정하는 듯 보이는 구조적인 체계가 점차 구축됩니다. 그래서 이 체계는 "직관적"이라 간주되는 모든 대상들을 구조적이거나 또는 형식적인 조작들로 환원하는 방향으로 흐르고, 그 조작의 원칙은 오직 수학자들의 결정에, 선택에 종속됩니다. 이때 "실존하는" 것은 구조화된 영역들(domaines)인데, 이 영역들은 그것들을 나타내는 형식주의에 대해서만 설명할 수 있을 따름입니다.

그렇지만 말입니다! 공리들의 귀결을 펼쳐낼 수 있게 하는 논리적 규칙들은 보편적인 진리의 지위에 있지 않나요? 예를 들어, 수학자들은 전통적인 이항 논리(logique binaire)와는 다른 논리들을 발명했지요. 좋습니다. 하지만 어떤 새로운 논리의 원칙들을 언명하는 수학자들 역시 여전히 매우 오래된 전통적 논리에서 물려받은 동일률[7]과 무모순율[8]에 따라 사고하고 자기 생각을 표현합니다. 즉, 그는 흑과 백을 동시에 말하지 않고, 그가 제시하는 규칙들은 그 자체로 그 용어〔논리〕의 고전적인 의미와 논리적으로 정합적입니다. 달리 말하자면, 근대 수학이 낳을 수 있었던 형식적 구축물들 너머에서, 고전 논리는 그럼에도 우위를 지속하며, 칸트가 단언한 그대로, 우리 정신의 선험적인(a priori) 법칙들을 표현하기에, 넘어설 수 없는 채로 유지되는 것은 아닐까요?

글쎄요, 고전 논리의 핵심, 곧 사람들의 정신에 고전 논리를 보편적으로 부과한다고 보이는 것은 근본적으로 부정과 관련됩니다. 아리스토텔레스 이래, 고전 논리는 두 가지 주요 원칙에 의해 지배되었습니다. 먼저, 무모순율이 있는데, 아까 이야기한 바 있지만, 동일한 형식적 체계 내에서 한 언표 p와 그 언표에 모순된 언표 p-아님을 동시에 인정할 수 없지요. 그리고 다음으로 배중률이 있는데, 만일 p-아님이 거짓이라면 p가 참일 수밖에 없으니, p는 참이라는 결론에 이르게 되겠지요. 이 두 원칙의 귀결은 이중 부정 곧 p-아님-아님이 단순 긍정 곧 p와 같다는 것입니다. 그런데 이 〔원칙들의〕 집합은 오늘날 적어도 두 가지 경쟁하는 논리의 출현으로 의문에 붙여지는데, 이는 전반적인 증명적 사유의 장에서 타당한 것으로 밝혀집니다.

. . . .

7 principe d'identité: 간단히 말해서, 어떤 주어진 A가 있을 때 A는 A이다. 항진명제 또는 동어반복(tautologie)이라고 말하는 것이 동일률을 가리킨다.

8 principe de non-contradiction: 어떤 주어진 A는 B이면서 동시에 B가 아닐 수 없다. 논리식으로 쓰자면, 어떤 주어진 명제 p에 대해 ~(p∧~p).

먼저, 지난 세기의 시작 이래, 직관주의적 논리는 배중률을 기각하고 이 원칙을 제거한 정합적 형식 체계들을 쌓아 올렸습니다.[9] 이것은 고전 논리에 비해 우리의 구체적인 경험에 보다 가까운 논리지요. 우리 모두는 예를 들어 어떤 정치적 결집에서 서로 배제하는 두 입장만이 아니라 어떤 세 번째 입장이 있을 수 있고 결국 이 입장이 바람직한 입장이 될 수 있음을, 즉 실제로 상황에 적합한 입장이 될 수 있음을 알지요. 이 경우에, 입장 2는 입장 1의 부정이며, 이 부정은 무모순율을 준수합니다. 입장 1과 입장 2는 명시적으로 서로 모순될 경우 동시에 참일 수 없는 것이지요. 하지만, 두 입장 중 어느 것도 참이 아닌 것은, 세 번째 항이 참이기 때문입니다. 이러한 체계들에서는 일반적으로 부정의 부정은 단순 긍정과 같지 않습니다.

보다 근래에 초일관 논리(logique paraconsistante)[10]가 나타났습니다. 이런 류의 논리 체계에서는 무모순율이 일반적인 가치를 갖지 못하고, 반면 배중률은 유효성을 유지합니다. 그렇다면 복잡한 상황들이 생기지요. 예컨대, 같은 예술 작품을 열정적으로 애호하지만 자신이 감탄하게 된 결론을 정당화하기 위해 [서로] 모순되는 이유를 대는 두 사람이 있다고 해봅시다. 이들 각자의 이유는 모두 참일 수 있는데, 한 예술 작품은 사실상 무한한 해석(commentaires)을 용인하기 때

. . . .

9 배중률은 배제된 제3항, 즉 어떤 A에 있어 A도 A-아님도 아닌 세 번째 항이 있을 수 없다는 입장이다. 논리식으로 쓰자면, $p \lor \sim p$. 직관주의 논리는 세 번째 항이 있을 수 있다는 것.
10 '모순허용 논리'로도 알려져 있다.

문입니다. 다른 한편에서, 이러한 모순의 실증성(positivité)은 배제된 제3항이 적용될 수 있는 최초 확신(두 사람이 같은 작품을 애호한다는)의 내부에서 작용합니다. 즉, "그 작품을 애호한다"와 "그 작품을 애호하지 않는다" 사이에는 세 번째 입장이 없을 가능성이 있다는 말이지요.

그런데 이 세 가지 논리의 양식들은 수학의 특정 분과(branches)에서 유용할 뿐만 아니라 필수적인 것으로 밝혀집니다. 물론, 주된 수학적 흐름은 언제나 고전 논리에서 펼쳐지지요. 그러나 이른바 **범주들**(Catégories)이라는 걸 다루는 이론—거칠게 볼 때 관계 "일반"에 관한 이론인—의 틀 안에서, 정해진 대상들에 대한 사전(事前)의 특정이 없을 경우, 초일관 논리가 유효하다는 점을 알 수 있습니다. 위상이론(théorie des Topoï)같이 (하나의 위상[topos]은 고전적인 귀속 즉 잘 알려진 ∈에 가까운 관계를 정의할 수 있는 범주입니다.), 집합을 다루는 수학에 가까운 특정한 범주들에서, 논리는 오히려 직관주의적입니다. 결국, 각각에 맞는 논리적 맥락은 가변적이게 되어, 심지어 수학에서도 더 이상 만고불변의 법칙들을 정신에 부과하지 않는다는 겁니다. 철학은 오래전부터 그걸 알고 있었습니다. 헤겔의 체계에서, 부정의 부정은 결코 최초의 긍정과 동일한 것이 아닙니다. 그러므로 그의 논리는 고전적인 논리가 아니지요. 나 자신의 체계에서, 순수한 존재 곧 존재로서의 존재의 논리는 고전적이고, 나타남의 논리는 직관주의적이며, 사건과 거기에 의존하는 진리들의 논리는 주체의 관점에서 볼때 초일관적입니다.

그러면 최초의 선택으로 돌아가 보지요. 선생님은, 그러니까 알랭 바디우는 실재론과 형식론이라는 수학의 두 가지 주요한 구상에서 어느 쪽을 지지합니까?

이 두 가지 구상 중에서, 어느 한편이 낫다는 주장에 대해 숙고하느라 시간을 끌지 않고, 전자를 택하겠습니다. 수학적 사유에 실재적인 어떤 "내용물"이 있다는 말이지요. 그것은 언어게임이 아니며―복잡한 형식론이 요구된다 해도―순수한 논리의 부속물도 아닙니다. 나는 이 논점에 관해 대다수의 수학자와 의견을 같이합니다. 물론, 내 생각에 이런 논거를 사용하는 것이 선동적인 면이 있기는 합니다. 당신도 알다시피, 나는 실제로 정치에서도 "대다수"(majorité)라는 개념을 선호하지 않습니다. 그러나 결국 대다수의 수학자가 "플라톤주의자"라는 건 사실입니다. 그들은 두 번째 테제를, 즉 언어게임이나 전적인 형식론이란 걸 믿지 않는데, 그런 것은 실제로 보다 철학적인 기원을 지닌 테제지요. 그들은 어떤 특정한 의미에서 수학으로 나타낼 수 있는 대상들 또는 구조들이 "실존한다"고 믿습니다. 왜 이런 확신을 가지는 걸까요? 그건 분명히 그들이 수학을 할 때 "무언가"가 저항하는 경험, 어떤 어렵고도 잘 해결되지 않는 실체(réalité)를 다루는 경험을 상당히 했기 때문이지요. 하지만 이때, 저항하는 것은 무엇인가? 처음부터 끝까지 완전히 규약화된 게임이라면, 체스를 시작하는 초반포진(ouvertures aux échecs)이나 또는 그와 유사한 어떤 것이어야 할 겁니다. 만일 이것이 꽤 나중까지 어떻게 전개될지 잘 안다면, 우리는 이미 강력한 전략적 우세를 띠는 것이지요. 그런데, 일반적으로, 수학자는 전혀 그런 느낌을 갖지 않습니다. 그가 느끼는 것은, 문제의 해법에 이르는 길이 실재에 닿는 길이며, 일종의 고유한 복잡성이 부여된 길이라는 것입니다.(이런 길은 페르마의 정리[11]처럼 때로 몇 세기가 걸릴 수도 있는데, 이건 상당한 일이지요.) 이 실재의 정확한 본성은 다른 논의의 주제가 되어야 할 겁니다. 그러나 어쨌든 어떤 외부적 실체에 닿는다는 자각은 있지요. 그러한 실체가 단지 정신이 날조한 것이 아니라는 의미에서 말입니다. 이런 게 없다면, 우리는 증명을 위해 맞닥뜨리게 되는 대단한 어려움과 엄청난 저항을 이해하지 못할 겁니다. 매우 기초적으로 보이는 몇몇 속성들을 증명할 때도 포함해서 말입니다. 매우 단순한 문제를 하나 봅시다. 쌍둥이 소수(nombres premiers jumeaux)에 관한 문제입니다. 말하자면 두 번째 수가 먼저 오는 소수에 2를 더한 수와 같아지는 방식으로 이어지는 소수들이지요. 그러니까 5와 7, 11과 13, 71과 73 등이 그렇습니다. 제기할 문제는 이런 겁니다. 쌍둥이 소수는 무한한가? 당연히, 수열에서 더 멀리 나아갈수

....

11 '페르마의 마지막 정리'를 말한다. 이 정리는 'n이 3 이상의 정수일 때 $x^n + y^n = z^n$을 만족시키는 양의 정수 x, y, z는 존재하지 않는다'라는 것을 말하며, 17세기의 프랑스 수학자 피에르 드 페르마(Pierre de Fermat)는 자신의 책에서 이에 관한 증명을 주장했으나, 증명법이나 과정을 남기지 않았다. 언뜻 보기에 단순한 외양으로 인해 300년이 넘는 시간 동안 수많은 수학자들이 달려들어 이 정리를 증명하기 위해 노력했으나 모두 실패하였고, 1990년대에 이르러서야 영국의 수학자 와일스에 의해 증명되었다. 이 정리의 증명에는 여러 복잡한 수학적 기법들이 동원되었고, 그 증명 과정으로 인해 수학의 발전에 크게 기여한 것으로 평가된다.

록, 쌍둥이 소수는 더 "희귀"해지지요. 하지만 마침내 뛰어난 성능의 컴퓨터를 사용해서 정말 대단한 걸 발견한 겁니다. 20만 자리가 넘는 쌍둥이 소수를 말입니다! 하지만, 수들의 무한에 비하자면, 그런 소수들처럼 엄청난 수도 그리 대단한 게 아니지요. 이건 그저 문제의 실재를 건드릴 수 있는 하나의 증명일 뿐입니다. 그래서 어쨌다는 걸까요? 글쎄, 여전히 우리는 모든 수의 연속을 계속 따라갈 때 새로운 쌍둥이 소수를 끊임없이, 즉 "무한하게" 발견할 수 있을지 알 수 없습니다. 어떻게 우리의 유희적 고안물 이외의 실재가 없다고 생각할 수 있을까요? 어떻게 자연수의 무한성이, 명확히 규명되어야 할 의미에서, "실존한다"고 확신하지 않을 수 있을까요?

내 결론은 완전히 철학적인 것으로, 실제로 수학은 오로지 존재로서의 존재에 관한 과학이라는 것, 다시 말해 철학자들이 고전적으로 존재론이라고 명명하는 무엇이라는 것입니다. 수학은 절대적으로 형식적인 층위에서 파악된 것들 전부를 다루는 과학이며, 이것이 수학의 역설적 발명들이 물리적 탐구에서 활용될 수 있는 이유입니다. 이런 층위에서 매우 유익한 예들이 있으며, 가장 눈길을 끄는 예는 복소수(nombres complexes)일 터인데, 허수(imaginaires)라는 것은 하나의 순수한 유희(jeu)로 발명되었습니다. 허수를 심지어 "상상적인 것"(imaginaires)이라고 명명하여 이 수가 실존하지 않는다는 것을 분명히 하지요. 실존하지 않음에도 우리는 그 수를 가지고 놉니다. 나중에 허수는 19세기 전자기학(electromagnétisme)의 기본 도구가 되었습니다만, 이런 건 전혀 예견되지 못했지요.[12] 이런 류의 뜻밖의 일들은 수학이 순전히 형식적이며 임의적인 유희라는 생각을 막습니다. 존재하는 것에 관하여 오로지 이 존재자의 존재(이를테면 그것이 나무, 연못, 인간이라는 사실이 아니라, 그것이 존재한다는 사실)를 사유한다는 것이 무엇을 의미하는지 알고자 한다면, 이를 위한 유일한 방법은 순수하게 형식적인 구조들, 달리 말해 그 자체의 물질적 특징들에 있어 불확정적인 구조들을 사유하는 것임이 명백합니다. 그리고 존재자들의 물질적 특징들과 관련해 불확정적인 이러한 구조들을 다루는 과학, 그것이 바로 수학이지요. 또한 상상적인 수(허수) 같은 형식을 발명한 것도 수학입니다. 그러한 형식을 우리가 알거나 심지어 그것이 실제

. . . .

12   허수가 전자기학의 기본 도구가 된다는 것은 삼각함수와 자연상수 e를 가지고 복소평면을 기하학적으로 사용할 수 있다는 사실에 관한 이야기이다. 복소평면이란 실수부를 x축으로 허수부를 y축으로 하는 평면을 지칭하는데, 이 평면 위에서 두 복소수의 곱이 항상 두 복소수 중 하나와 기하학적으로 90도를 이루게 된다(삼각함수). 그리고 복소수를 일종의 함수로 볼 때 지수 형태로 나타내어지는 미분방정식의 해로부터 도출할 수 있는 자연상수의 제곱수 형태로부터 오일러 공식 $e^{ix}=\cos x + i\sin x$를 얻게 된다. 여기서 수학자들이 가장 아름답다고 생각한다는 오일러 항등식 $e^{i\pi}+1=0$(오일러 공식에서 x가 0일 때)이 나오기도 한다. 오일러 공식에 세 번째 축 t(시간)를 추가로 적용하면, 어떤 주기적인 운동이나 파동 등에 대해 알 수 있게 되며, 이는 전자기학이나 파동역학이나 양자역학 등에서 활용된다. 복소평면의 기하학적 사용이 고안되기 전에는 복소수가 전자기학에서 회전하는 전선 코일에서 유도되는 전류의 생성이나, 양자역학에서 파동의 회절 등을 나타내는 용도로 사용될 수 있으리라는 발상은 상상도 할 수 없는 것이었다. 바디우가 '전혀 예견되지 못했다'라고 말하는 것은 아마도 이를 두고 하는 이야기인 듯하다. 또한 자연상수 e, 삼각함수와 원주율 π, 가장 작은 자연수 1, 그리고 없음을 나타내는 신비한 수 0 등 전혀 상관이 없어 보이는 구성요소들로 이루어져 있지만, 놀랍도록 아름다운 오일러 항등식에 관해서도 같은 이야기를 할 수 있을 듯하다.

로 어딘가에서 구현되었거나 또는 구현될 수 있다고 상상할 수 있기도 전에 말입니다.

눈에 띄는 다른 잘 알려진 예는 원뿔의 이론입니다. 타원의 정의와 그것에 관한 연구는 고대 후기 페르게의 아폴로니오스[13]가 저술한 『원뿔 곡선론』으로 시작되었지요. 그러나 17세기 초, 그러니까 약 2,000년가량의 시간이 지난 후에야 비로소 케플러를 통해 그때까지만 해도 원으로 간주되던 행성들의 궤도가 타원 궤적을 따르고 있다는 사실을 알게 됩니다. 이 사례에서, 수학은 분명히 순수한 존재의 층위에서, 후대에 자연과학들의 우연적이며 복잡한 변전에 따라 관련된 물질적 모델들에서 구현되는 것으로 밝혀질 몇 가지 형식적 장치들로부터 예견된 발명입니다. 내가 보기에, 이는 또한 수학이 어떤 실재(un réel)를 다루지만 실험적이지 않은 수준에서 다룬다는 증거이기도 한데, 실재는 모든 경험 안에서 전제되기 때문이지요. 우리는 페르게의 아폴로니오스가 행성 궤도에 들어 있는 존재로서의 존재인 무언가를 사유했지만 당대에는 그것이 무언지 알지 못했다는 점을 잘 알수 있습니다. 그것이 바로 내가 수학은 감각적인 경험에서 파생된다는 이론을 거부하는 이유입니다. 오히려 그 반대지요. 감각적인 경험의 실재는 그저 수학적 형식론이 "사전(事前)에" 모든 있는 것의 가능

··············

13   페르게의 아폴로니오스(Apollonius de Perge, BCE 262~BCE 190): 소아시아 페르게 출신의 고대 그리스 기하학자이자 천문학자. '위대한 기하학자'로 알려진 그는 원뿔 곡선의 성질과 응용에 관한 저서 『원뿔 곡선론』을 남겼다.

적 형식들을 사유하기 때문에 사유될 수 있는 겁니다. 바슐라르가 이야기한 대로, 실험에 사용되는 거대한 기구들조차 천문관측용 망원경에서 엄청나게 큰 입자 가속기에 이르기까지 "물질화된 이론"이며, 그 건설에 있어서도 극도로 복잡한 수학적 형식론을 전제하지요. 내 생각에는 바로 이런 면이 수학이라는 형식적 과학과 물리학 같은 실험 과학 사이의 관계에 관한 수수께끼 같은 문제를 해명할 겁니다.

하지만 그걸로 실재를 지배하는 물리적 법칙들과 여전히 관념적인 수학적 구조들 사이의 일치를 설명하기에 충분할까요? 물질과 실재가 수학적 언어로 보다 잘 표현될 수 있는 물리적 법칙들이나 규칙성들에 따르지 않더라도 어쨌든 수학은 실존할 수 있지 않을까요?

나는 수학이 그것이 연구하는 구조적 형식들의 유효성을 언젠가 경험에 의해 인정받아야 할 "필요"가 있다고 주장하지 않습니다. 내 논지는 이런 것이지요. 수학은 존재론이라는 것, 다시 말해 있는 그대로의 다수의, 모든 다수의, 따라서 모든 존재하는 것의 가능적 형식들에 대한 독립적인 검토라는 겁니다. 존재하는 모든 것은 어쨌든 하나의 다수성이기 때문입니다. 이런 존재론은 그 자체로 전개될 수 있습니다. 이차 곡선(courbes du second degré)[14]에 관한 이론은 그것이 행성들

. . . .

14   좌표평면 상에서 $ax^2+bxy+cy^2+dx+ey+f=0$으로 나타낼 수 있는 곡선. 특수한 경우를 제외하고, 원뿔의 단면을 잘라낼 때 볼 수 있는 곡선들(원, 타원, 포물선, 쌍곡선)로 나타

에 적용되기 훨씬 전에 만들어졌고, 이진법 체계(0과 1로만 이루어진)는 정보과학적 코딩의 핵심이 되기 전부터 우리에게 알려져 있었습니다. 그 밖의 다른 예도 있고요. 이는 당신이 이야기하는 "관념성들"이 실제로는 존재하는 한에서 존재하는 것[15]의 가능적 형식들이며, 수학자들에 의해 인식되기 위한, 다시 말해 사유되기 위한 순수한 형식들로서 실험될 필요가 없기 때문이지요. 그렇게 말하고 나면, 역발상이 있을 수 있습니다. 가장 명백한 사례가 미분학일 겁니다. 라이프니츠와 특히 뉴턴에 의한 미분학의 발전이 대체로 운동과 역학의 문제에 의해 추동되었고, 역학 자체는 천문학적 혁명—케플러나 갈릴레이—에 의해, 따라서 배후에서 실재적 관찰들에 의해 발동되었다는 점은 의심의 여지가 없습니다. 우리는 이론 역학(mécanique rationelle)의 존재론적 하부구조를 사유하기 위해서, "운동하는 물체란 정확히 무엇인가?"나 심지어 "가속도란 무엇인가?" 같은 류의 질문들에 대답하기 위해서라면 진정한 수학의 대륙을 완전히 열어야 한다고 말할 수도 있겠고, 거기에서 "더 작은 차이", "무한소", "어떤 한 지점에서의 도함수"[16]를, 그리고 마침내 극한, 적분, 미분 방정식 등을 이야기하겠지요. 그러나 이 대륙은 순수하게 수학적인 형식을 취하는 즉시 고유한 존재론의 법칙들에 따라 전개되는데, 그 법칙들은 공리적이자

· · · · · · · · · · · · ·

내진다.

15 'ce qui est, en tant qu'il est', '존재로서의 존재'(être en tant qu'être)로 고쳐 말할 수 있겠다.

16 '어떤 한 지점에서 유도된 함수'. 어떤 함수를 미분하여 얻는 순간변화율.

증명적이며 결코 실험적이지 않습니다. 그것은 코시[17]에 따른 극한의 최종 정의만 봐도 알 수 있습니다. "직관적인" 관념은 한 지점으로 다가가는 한 운동체의 관념이며, 이 지점은 그 운동의 한계인 것이지요. 이걸 존재론적인, 다시 말해 수학적인 전문용어로 하자면 이런 말이 될 겁니다. "n이 0에서 무한까지 변할 때, 실수의 수열 S_n이 있다고 하자. 모든 주어진 실수 ε에 있어 이 실수가 아무리 작다 해도 $|L - S_n| < \varepsilon$을 만족시키는 정수 n이 있다면, 수 L은 이 수열의 극한이라고 할 것이다." 이 정의는 기호 계산(calcul symbolique)의 얼음물 속에서 가정된—그리고 처음에는 유효했던—직관이 사라지게 합니다.

물리적 법칙들이 수학의 언어로만 형식화될 수 있는 규칙성에 따른다면, 이것은 오로지 이 언어가 오래전부터 그 존재에 있어 어떤 정합성에 기반을 둔 모든 것의 가능적 형식들을 사유하고자 하기 때문입니다. 그런데, 실존하는 것은 사실상 어떤 확실한 정합성을 가진 다수성들로 구성되지요. 만일 그렇지 않다면, 그것이 의미하는 바는 완전히 불안정한 혼돈만이 항상 있다는 것입니다. 이 점에 관해, 경험—물리적인(자연적인) 것이 관건일 때 불가피한—은 일반적으로 그렇지 않음을 잘 확인해줍니다. 우리는 규칙성을, 정합적인 대상을, 고정된 하늘을, 변함 없는 운동 등을 관찰한다는 것이지요. 그러므로

. . . .

17 오귀스탱루이 코시(Augustin-Louis Cauchy, 1789~1857): 19세기의 프랑스 수학자. 미분의 정리들에 관해, 이전의 수학자들이 사용한 일반적 대수학적 원리에 근거한 체험적인 혹은 '직관적인' 증명 방식을 배제하고, 극한을 이용하여 엄밀한 증명을 수행한 최초의 수학자로 알려져 있다.

물리학과 수학 사이의 교차는 수학의 독자성이 사유의 장치가 되지 못하게 막기는커녕, 오히려 그 독자성을 전제로 합니다.

4

수학에
의지한
형이상학의
시도

저는 수학이 철학에서 선생님의 작업에 영감을 준 방식에 대해 보다 분명하게 이야기할 수 있으면 좋겠습니다. 선생님이 전개하신 형이 상학은 적어도, (그래야 한다는) 선전은 아니겠습니다만(!), 철학과 수학을 다시 뒤얽히게 하는 시도를 구성합니다. 선생님의 철학 체계에서 철학과 수학은 어떻게 서로 유기적으로 연결되나요?

지난 30년 동안 나의 철학적 전략은 어떤 것이었냐고요? 그것은 내가 *진리들의 내재성*(l'immanence des vérités)이라 부르는 것을 정립하는 일이었습니다. 앞에서 말한 것처럼, 나는 보편적인 가치를 띤 단독적인 창조물들—예술 작품들, 과학 이론들, 해방의 정치들, 사랑의 열정들—을 진리들(언제나 복수형으로, "그" 진리란 없기에)이라 부릅니다. 단도직입적으로 이렇게 말해봅시다. 과학 이론들은 존재 자체

(수학)나 또는 우리가 (물리학과 생물학의) 실험적 인식을 얻을 수 있는 세계들의 "자연적" 법칙들에 관한 진리들입니다. 정치적 진리들은 사회들의 구성, 집단적 삶과 그 재구성의 법칙들, 자유나 또 오늘날에는 특히 평등 같은 보편적인 원칙들이 비추는 모든 것에 관련됩니다. 예술적 진리들은 우리의 감각이 수용할 수 있는 무언가를 승화시키는 완성된 작업들의 형식적 일관성에 관계됩니다. 청각에 있어 음악, 시각에 있어 회화와 조각, 말에 있어 시가 그럴 겁니다. 마지막으로 사랑의 진리들은 **일자**(Un)나 개인적 단독성에 의거하지 않고, 오히려 **둘**(Deux)에 의거하여 그리고 따라서 타자의 철저한 수용을 통해 세계를 실험하는 데 내포되어 있는 변증법적 힘에 관련됩니다. 우리가 아는 그대로, 이러한 진리들은 그 기원이나 본성에서 철학적이지는 않습니다. 그러나 내 목표는 이러한 진리들을 식별하고 명명하는 (철학의) 진리 범주를 구해내는 것으로, 이를 위해 하나의 진리가 다음과 같을 수 있음을 정당화합니다. 〔말하자면 진리는〕

– 절대적이면서도, 하나의 국지화된 구축물이며,

– 영원하면서도, 어떤 정해진 세계 내에서 시작되며(이 세계의 사건이라는 형태로) 따라서 이 세계의 시간에 귀속됩니다.

　이 두 속성은 진리들—과학적, 미학적, 정치적, 실존적—이 무한하지만 이로 인해 어떤 형태의 신(Dieu) 관념에도 의존하지 않을 것을 요구합니다. 그렇다면 당연히 이런 질문에서 시작해야겠지요. 결코 종교적이지 않으며 모든 초월을 배제하는 어떤 무한-존재의 존재론에 내 기획의 토대를 둘'수 있는가? 바로 이 지점에서 무한 혹은 보다 정확하게 무한들에 관한 철저한 새로움들—특히 수학적인—이 발생하는 긴 행진이 시작됩니다.

그리고 이 지점에서 수학이 필요하다는 말씀인가요?

보다 일반적으로 보자면, 수학이 궁극적으로 가능케 하는 것을, 즉 수학이—스스로는 알지 못하며 실제로 관심을 두지도 않으면서—동시대의 상대주의를 넘어서고 진리들의 보편적 가치를 재정립하고자 하는 철학자들에게 사변적 자원으로서 자신을 제공하는 것, 그것을 나는 절대적 존재론의 가능성이라 명명할 것입니다. 오늘날에도 거의 인정되는바, 예컨대 예술적 취향은 국지적인 문화나 개별적인 "문명"의 문제이며, 또한 사랑은 어떤 우발적이며 철회할 수 있는 선택이며, 상호적인 특권이 있는 커플의 계약으로 귀결되어야 하지요. 정치에서는, 어떠한 진리도 없으며 오로지 최대한 경험적으로 구성해야 하는 변덕스러운 의견들만 있다는 것을 당연한 사실로 받아들입니다. 나는 오히려 절대적인 진리들이 실존하며, 그것들이 창조되는 순간에 특정한 지반(역사의 한 순간, 어떤 나라, 어떤 언어…)에서 확실히 뽑혀 나가지만 그 가치가 보편화되는 방식으로 구축된다고 확신합니다. 이를 증명하기 위해 내가 보여야 할 것은 내 다수의 존재론의 틀 안에서 유한과 무한의 전적으로 새로운 변증법이 조직될 수 있고, 따라서 우리의 "평범한"(ordinaire) 실존과 어떤 절대적인 진리에 관련된 우리의 실존 사이에 완전히 새로운 관계가 조직될 수 있다는 점입니다. 이는 또 내가 "어떤 **이념**의 권위 아래 살아가기"라 명명한 것이지요. 혹은 "참된 삶"(vraie vie)이라고도 말입니다.

하지만 "절대적 존재론"이라는 말은 어떻게 이해해야 할까요?

나는 "절대적 존재론"이라는 말로 준거의 우주(univers de référence)의 실존, 즉 존재로서의 존재를 사유하기 위한 장소의 실존을 의미합니다만, 여기에는 네 가지 특징이 있습니다.

1. 그것은 부동(immobile)하는데, 운동의 사유를 가능케 하면서도 모든 합리적 사유와 같이 그 자체로는 이 범주와 무관하다는 의미에서 그렇습니다. 그러니까 예를 들어 운동의 경우를 고려해 봅시다. 실재의 운동은 세계 내에 위치하며, 그것은 특정합니다. 그러나 운동에 관한 사유를 형식화하는 수학 방정식은 그 자체로는 결코 고유한 장소를 갖지 않지요. 그 방정식의 수학적 절대성이 아니라면 말입니다. 하나의 돌은 어딘가로 떨어지지만, 뉴턴 이후의 물리학으로 계산할 때, 그 낙하 운동의 가속치는 다른 돌이 다른 곳에 떨어지는 것을 다룰 때도 그 형식이 다르지 않습니다.

2. 그것은 무(無)에 기반한 그것의 존재를 통해 완전히 이해될 수 있습니다. 달리 말해, 그것이 구성요소가 되는 어떠한 개체(entité)도 실존하지 않습니다. 또 달리 말해, 그것은 비(非)원자적(non atomique) 입니다.

한 혁명적 집결을, 역사적인 것이 될 폭동을, 이를테면 바스티유 탈

취를 예로 들어보지요. 하나의 상징, 준거, 과정의 절대적인 시작이라는 그것의 순수한 정치적 가치를 고려할 때, 이 사건은 확연한 단위들(unités)로 분해될 수 없습니다. 이 사건은 요인들(facteurs)의 덧셈의 결과가 아니며, 〔오히려〕"절대적인"것입니다. 이 사건의 모든 원소들(거기 있는 사람들, 일련의 일어나는 일들…)에 있어 아무리 특수하다 하더라도, 그 특수성은 최소 구성요소들로 분석될 수 없는 하나의 사건적 종합 가운데 사라진다는 의미에서 말입니다.

3. 그래서 그러한 존재론은 오로지 그것에 관련된 공리들 또는 원칙들에 의해서만 기술되거나 사유될 수 있습니다. 어떠한 경험도 없으며, 경험에 의존하는 구축물도 없습니다. 그것은 철저하게 비경험적입니다. 또한 그것은 (사유에 있어) 실존한다고 말할 수 있습니다. 비록 그것이 존재하지 않는다 해도.

이러한 특징은 우리가 어떤 하나의 사건이나 작품(68년 5월, 상대성 Relativité, 엘로이즈와 아벨라르, 또는 피카소의 「게르니카」)에 관해 그것이 모든 인류를 위한 성과물(acquis)이라고 이야기할 때 무슨 일이 일어나는지를 이해할 수 있게 합니다. 이때 우리가 이야기하는 것과 관련해 어떤 보편적인 가치의 단언(긍정, affirmation)을 가능케 하는 원칙들—정치, 과학, 예술 또는 사랑의—이 공유되지요. 여기에서 기술(description)만으로는 결론에 이를 수 없습니다. 공리적으로 하나의 원칙을 구성하는 어떤 것의 매개가 필요합니다. 모든 절대성은 공리적이며, 따라서 어떤 하나의 작품이나 사건의 보편적 가치에 대한 모든 단언 역시 공리적입니다.

4. 다음의 의미에서 그것은 최대성(maximalité)의 원칙에 따릅니다. 실존을 규정하는 공리들과 모순되지 않게 그 실존이 추론되는 모든 지적 개체는 바로 이 사실에 의해 실존합니다.

당신은 진행 중인 정치 활동과 관련하여, 1917년 러시아 혁명을 지지한다는 의미에서, 이 혁명에 관해 이야기할 수 있습니다. 당신의 활동의 이러저러한 측면이 어떤 의미에서 당신이 러시아 혁명을 절대적인 가치를 지닌 것으로 간주하게 하는 원칙들과 정합적인지 보일 수 있다면 말입니다. 이런 의미에서, 당신은 이 원칙들의 공(共)귀결(co-conséquence)로서 러시아 혁명과 함께, 이렇게 말해도 좋다면, "초시간적으로"(intemporellement) 실존하는 겁니다.

따라서 우리는 신을 포기해야 하지만 그럼에도 신이 제공하는 이점들은 잃어버리지 말아야 합니다. 우리는 있는 그대로의 단순한 다수의 편으로, 실존하는 세계에 대한 내재성의 편으로 완전히 옮아가는, 내재적이고도 절대적인 존재론적 보증물을 찾아야 합니다. 그리고 이와 동시에 부동성, 무에 따른 구성, 순수하게 공리적인 배치 그리고 최대성의 원칙이라는 네 가지 결정적인 원칙들을 보존해야 하는 것이지요.

그건 거의 불가능한 과제로 보이는군요. 형이상학의 전통에서, 무한성과 절대성의 보증은 초월적(transcendant)입니다. 심지어 헤겔에게서도 역사적인 것이자 "자기 자신의 변전"인 **절대성**(l'Absolu)은 어쨌든 일자(Un)로 유지되며, 또한 신이라고 불릴 수도 있게 하는 무한한 단일성(unité)을 지닙니다. 그런데 선생님은 있는 그대로의 다수를 절대화하길 원하시는 걸로 보입니다. 이런 점에서 수학이 선생님을 구원하는 셈인가요?

바로 그렇습니다. 집합론은 체르멜로-프랭켈(Zermelo-Fraenkel)의 형식화[1]와 프랑스 부르바키 그룹의 엄청난 시도가 보여준 것처럼 또한 모든 수학을 흡수할 수 있으며, 분화되지 않은 다수(다수라는 것 외에 다른 속성은 애초에 갖지 않는 다수)에 관한 절대적인 이론입니다. 그래서, 『존재와 사건』(1988) 이래, 나는 목적을 달성하기 위해 어떠한 신에게도 의지하지 않은 채 진리들의 절대성을 구해내고, 정초적인 수학적 조건으로서의 집합론을 철학적 숙고에 전적으로 통합한다는 계획을 잡았습니다.

그러니까 집합론은 그 자체로 선생님의 안내자였던 건가요? 수학은 절대성의 미궁 안에 갇힌 철학적 테세우스의 아리아드네와 같은 걸까요?

어쨌든, 집합론이 내가 방금 상기한 절대성의 네 가지 원칙을 준수한다는 점은 별 무리 없이 증명됩니다.

. . . .

1 '체르멜로-프랭켈의 형식화'란 선택 공리를 포함한 9개의 공리들로 이루어진 체르멜로-프랭켈 공리계를 토대로 하여 고전적인 집합론을 구성하게 된 것을 말한다. 이에 관한 자세한 내용은 바디우의 『존재와 사건』이나 피터 홀워드의 『알랭 바디우: 진리를 향한 주체』 등의 바디우 입문서 및 해설서에서 찾을 수 있다.

부동성 :

이 이론은 운동 개념이 아무 의미도 갖지 않는 집합들에 관심을 둡니다. 이러한 집합들은 외연적(extensionnels)인데, 이 말이 의미하는 바는 집합들이 전적으로 원소들에 의해, 집합들에 귀속되는 것에 의해 정의된다는 것입니다. 정확하게 같은 원소들을 갖지 않는 두 집합은 절대적으로 다르지요. 그리고 따라서 어떤 한 집합은 그 자체로 변할 수 없는데, 왜냐하면 그 집합의 존재에서 단 하나의 지점만 바꾸더라도 그것의 존재를 완전히 잃게 되기 때문입니다.

무에 따른 구성 :

이 이론은 처음에 어떠한 시원적 원소도, 어떠한 원자도, 어떠한 실증적 단독성도 도입하지 않습니다. 다수들의 위계 전체는 무(rien) 위에 세워집니다. 공집합의 실존, 다시 말해 어떠한 원소도 갖지 않으며 바로 그런 사실에서 불확정된 것의 순수한 이름이 되는 집합의 실존이 단언되는 것으로 [위계를 세우기에] 충분하다는 점에서 말입니다.

공리적 규정 :

이러저러한 집합의 실존은 먼저 오로지 최초에 선언된 공백이나 공리들에 의해 인가된 구축물들로부터 추론됩니다. 그리고 이러한 실존을 보증할 담보물은 오로지 공리들의 귀결들에 적용된 무모순율뿐입니다.

분명히, 수학적 공동체에 의해 역사적으로 선택된 이 공리들이 최상의 공리들인가 혹은 특히 이 공리들이 존재로서의 다수-존재를 사유하는 데 충분한가 하는 것은 선험적인(a priori) 대답이 있을 수 없는 질문입니다. 이 질문에는 수학적이면서 철학적인 존재론의 역사가 답을 줄 수 있겠지요. 우리는 단지 네 번째 논점으로 표명되는 열림의 원칙을 인정할 수 있을 따름이지요.

최대성 :

우리는 언제나 이 이론의 공리들에 이러저러한 집합의 실존을 규정하는 어떤 공리를 더할 수 있습니다. 만일 가능하다면, 이 부가(附加)로 전체 구조물에 논리적 비정합성이 도입되지는 않는다는 점을 증명한다는 것을 전제로 말입니다. 이 부가적인 공리들은 일반적으로 무한의 공리들이라 불리는데, 이 공리들이 점차 힘을 더하는 무한의 위계 전체의 실존을 규명하며 단언하기 때문이지요.

이 마지막 논점은 (모든 진리의 무한성을 정립하려는) 나 자신의 목표에서 명백히 가장 큰 중요성을 지닙니다. 이 이론이 일신론적 이론이 아니며 그럴 수도 없다는 것은 잘 알려진 한 증명에서 도출된 결과입니다. 일자의 **비실존**에 관한 증명 말입니다. 만일 우리가 실제로 **일자**를 스피노자의 『에티카』 1권 명제 15("모든 존재하는 것은 신 안에 있고, 신 없이는 아무것도 존재하거나 인식될 수 없다.")를 입증하는 것으로 인식한다면—그리고 이것이 존재론적 보증의 수준에서 피할 수 없는 일이라면—모든 특수한 다수성 곧 모든 집합은 따라서 신이라 불리기에 합당한 이 **일자**의 원소임을 인정해야 할 겁니다. 그리고 이는 수학적으로 불가능한 일입니다. 실제로 우리는 모든 집합들의 집합이 실존할 수 없음을 증명하는데, 이건 매우 멋지고 단순한 증명이지요. 그러나 이때, 공리화된 다수가 존재로서의 존재의 내재적 형식이라면, 모든 존재가 그 안에 존재하는 그러한 *하나*의 존재가 실존하는 것은 불가능합니다. 왜냐하면 그러려면 그것이 모든 다수들의 다수여야 하는데, 그런 것은 모순적이기 때문입니다.[2]

> 하지만 만일 수학에 의해 형식화된 다수들이 진정으로 **일자**인 어떤 집합을 그 자체로 형성하지 않는다면, 집합론이 연구하는 대상들(다수들)의 실존 영역은 무엇인가요?

해결책은 시작부터 공리들의 체계에 관해서만 이야기하는 것입니다. 우리는 합의에 따라 공리들로부터 구축될 수 있는 모든 것의 장소(다수적이지 않은 탓에 완전히 비일관적인)를 **진공**(Vacuum)을 형식화한다고 할 수 있는 V라고 부를 것입니다. 은유적으로 "V 안에" 있는 무엇은 집합론의 공리적 명령에 응답할 수 있는 어떤 것이지요. 그것이 의미하는 바는 V가 실제로 오로지 이 이론의 공리들에 따라 증명될 수 있는 명제들의 집합일 따름이라는 것입니다. 그것은 그저 어떤 언어의 존재일 뿐입니다. 관습적으로 그러한 언어의 존재들은 모임들(classes)[3]로 명명되지요. 그래서 우리는 V가 집합들(ensembles)의 모임이라고 말하겠지만, 그것이 재현 불가능한—또는 준거대상이 없

. . . .

2   아주 단순하게 이야기하자면, 모든 집합의 집합이란 것은 그 자체로도 집합이기에 스스로를 원소로 귀속시켜야 한다는 귀결에 이른다. 이러한 재귀성은 당연히 모순이다.
3   집합과 유사하지만 개념적으로 집합보다 상위에 있는 개념. 집합에 있어서의 유(類) 개념 같은 것으로 생각할 수 있겠다.

는—이론적 개체임을 잊지 않을 것인데, 바로 그 모임이 절대적인 준거대상의 장소인 까닭입니다. V는 수학적 사유의 실험과 결정과 증명의 가능적이고도 궁극적인 장소로 실존합니다. 그러나 집합으로서, 전체성으로서 그 장소는 존재를 갖지 않는데, 그 이유는 바로 존재한다는 것은 다수성이 되는 것이며 따라서 V에 귀속된다는 것인데, V 자체가 그럴 수 없기 때문입니다.

V가 "실존"하지만 존재하지 않는다는 그러한 가정과 관련하여 유한과 무한 사이의 관계들과 비관계(non-relation)들에 관한 질문이, 그리고 이에 따라 무한(또는, 보다 정확하게 말해서, 무한들)의 존재론에 관한 그리고 유한성의 비판에 관한 합리적인 틀이 제시됩니다.

그리고 거기에서 선생님은 한편으로 수학적 존재론과 다른 한편으로 진리 개념의 철학적 이론 사이의 내밀한 연결관계로 들어가시는 건가요?

바로 그렇습니다. 아주 간명하게 이렇게 말하겠습니다. 존재는 다수성이다. 다수의 다양한 가능적 형식들에 관한 합리적 이론, 그것이 바로 집합론입니다. 하나의 진리, 그것 또한 실존하는 모든 것이 그렇듯 하나의 다수입니다. 하나의 다수는 어떻게 보편적인 가치를 떠받치며 운반할 수 있는가? 그러니까 나는 수학에서 이 방향으로 가는 경로를 찾아볼 겁니다. 그건 하나의 형용사인데, 집합론과(1962년에 시작되었으니까) 전적으로 동시대적인 한 부분에서 찾을 수 있지요. 내 주의를 끄는 그것은 바로 "유적인"(générique)이라는 형용사입니다. 수학자 폴 코언(Paul Cohen)에 의해 정의된 "유적인" 다수성들이 실존한다는 것이지요. 그게 어떤 것인지 설명하지는 않겠습니다. 너무 길고 복잡하니까요. 그 설명은 『존재와 사건』에서 상당히 공을 들여 제시했습니다. 어쨌든 여기서는 카를 마르크스가 『1844년 수고』에서 사실상 프롤레타리아를 "유적인" 사회적 집합으로 말한다는 점을 지적할 수 있겠습니다. 그래서 그는 무엇을 말하려 하는가? 바로 프롤레타리아에게 어떤 보편적인 진리가 있다고, 프롤레타리아 혁명이 인류 전체를 해방할 거라고 말하려 한 겁니다. 그래서, 나는 다음과 같은 가설을 도입할 수 있습니다. 어떤 진리의 존재, 그것에 보편적인 형식을 부여하는 것, 그것은 바로 유적인 집합이 되는 것이지요. 수학적 발상(코언, 1962년)과 철학적 기획(바디우, 1988년)의 "접합"(soudure)은 여기에서 모종의 순수한 형식을 발견합니다.

5

수학은
행복을
만드는가?

선생님은 첫눈에 봐도 상당히 놀라운 테제를 주장하셨지요. 말하자면 수학은 전문가들의 카스트만이 엄격하게 독점하는 그러한 훈련이 아니라 선생님이 "참된 삶"이라고, 달리 말해 행복한 삶이라고 명명하시는 무언가를 향해 가는 가장 빠른 길이라고 말입니다. 선생님에게 수학자들은 다른 사람들보다 더 행복한 것처럼 보이나요?

이봐요, 그건 내 관심사가 아닌 거 같군요! 그게 내 관심사가 아닌 이유는 창조적인 수학자들이 실존이나 삶의 관점에서 수학을 가장 훌륭하게 활용하고 있는지 확실치 않다는 것이지요. 수학자는 정의상 전적으로 수학적 생산에 내재적입니다. 그리고 모든 강렬한 주체화가 그렇듯 거기에는 상당한 양의 고뇌(angoisse)가 따를 수 있어요. 예를 들어, 의심의 여지 없이 20세기 후반기에 가장 위대한 수학자였던 그로텐디크[1]가 수학계와, 어떤 의미에서는 수학 자체와 얼마나 거칠게 단절했는지를 고려해야 합니다. 적어도 공개적으로는 말입니다. 그는 〔프랑스〕 남쪽 지역으로 떠나서 양을 키우고 환경 보호에 관심을 쏟았어요. 말하자면, 이러한 고뇌는 수학적 생산이나 존재론과의 내밀한 관계 안에서 열정이나 혹은 황홀경의 순간을 수반하기도 합니다. 그리고 이러한 변증법이 경우에 따라 실존하며, 당연히 내가 이론으로 제시할 수는 없는 것이지요.

하지만 개인적인 예를 들어주실 수는 없을까요?

구체적으로 수학적 작업이 어떤 것인지 상상해 볼 필요가 있겠지요. 단순한 학습의 수준에서라도 말입니다. 예컨대 나는 오래전에 철학적으로 흥미진진한 정리, 즉 중요한 칸토어의 정리(théorème fondamental de Cantor)[2] 증명을 이해하기 위해 지샜던 밤들을 기억하는데, 이 정리는 요컨대 한 집합의 부분집합들은 언제나 그 원소들보다 더 많다고 하지요. 나는 당신에게 그 밤의 경험에 관해, 그 증명과 철학적 중요

....

1   알렉산더 그로텐디크(Alexander Grothendieck, 1928~2014): 독일 태생의 수학자로 주로 프랑스에서 활동하며 부르바키 그룹과 함께 작업하기도 했으나, 노년에는 윤리적인 이유로 수학계를 떠나 프랑스 남부의 농촌 마을에서 은둔하였다. 2018년에 진행된 강의들을 모아놓은 한 책(*Sometimes we are eternal*, Suture Press)에서, 바디우는 『세계의 논리』의 저술과 관련하여 위상학과 범주론 연구에서 그로텐디크를 참고했다고 언급하기도 한다.
2   가산 무한집합에서 멱집합의 크기(원소의 수)가 원래 무한집합의 크기보다 크다는 것을 증명한 정리.

성을 이해했을 때 내가 경험한 강렬한 행복에 관해 이야기하고 싶습니다.

제일 간단한 것에서 시작해 보지요. 어떤 다수성—이걸 E라고 합시다—은 원소들—x, y 등의—로 구성됩니다. x와 y 그리고 다른 원소들도 또한 집합들이지만, 거기서 이것들은 다른 집합 E의 원소들로 그려진다는 점을 유의합시다.

E의 원소들에 대한 어떠한 재편성도 E의 부분집합을 구성합니다. 예를 들어, {x, y}로 표기하는 x와 y 쌍은 E의 한 부분집합입니다.

적어도 원소들의 수만큼의 부분집합들이 있다는 건 분명합니다. 실제로, 각 원소 x에 대해 하나의 부분집합이 대응되는데, 이 부분집합이란 x를 유일한 원소로 가지는 집합, 즉 {x}라 표기되며 x의 단원집합(單元集合, singleton)이라 불리는 집합이지요. x와 {x}의 차이를 알아야 합니다. 내가 이야기한 대로, x는 집합론에서 존재하는 모든 것과 마찬가지로 하나의 집합이며, 매우 많은 원소들을 가질 수 있는 데 반해, x의 단원집합은 엄격하게 단 하나의 원소 즉 x라는 원소만을 가진 집합이라는 거지요.

E의 모든 원소 x에 부분집합 {x}를 대응시킬 수 있으니까, 원소들의 수만큼의 부분집합들이 있다는 건 틀림없습니다. 혹은 다시 말해, 부분집합들이 원소들보다 적을 수는 없다는 거지요. 그런데, 정확히 원소들의 수만큼의 부분집합들이 있을 수 있을까요? 만일 그렇지 않다면, 우리는 원소들보다 부분집합들이 더 많다고 확신할 것인데, 왜냐하면 원소들보다 더 적을 수도 없고 그만큼일 수도 없기 때문입니다.

칸토어의 정리는 직접적으로 원소들보다 더 많은 수의 부분집합들이 있다고 증명하기보다는 원소들과 같은 수의 부분집합들이 있다는 게 불가능하다는 점을 증명합니다. 이것은 간접적 추론이라고 불릴 수 있는 방식이지요. 우리는 원소들보다 더 많은 수의 부분집합들이 있다는 사실을 직접적으로 구성하지 않으며, 그보다는 같은 수가 될 수 없다는 증명을 통해(그리고 더 적은 수가 될 수 없음을 앎으로써) 그 구성을 부정적인 방식으로 달성합니다.

부정은 이러한 사안에서 훨씬 더 중요한 역할을 하게 될 것이며, 내게는 언제나 이런 점에서 매혹적입니다. 여기에서 우리는 내가 파르메니데스와 수학의 그리스적 기원과 관련해 언급했던 귀류법(raisonnement par l'absurde)을 발견합니다. 우리는 실제로 원소들의 수만큼의 부분집합들이 있다는 것이 불가능함을 직접적으로 증명하지 않고, *이런 일이 가능하다는 것이 불가능함*을 증명할 겁니다. 사실상 원소들만큼의 부분집합들을 가진 그러한 집합 E가 실존한다고 가정하게 되는 셈이지요. 그리고 최초의 가설을 무너뜨리는 모순적이고도 "불가능한" 부분집합을 구성하는 것이지요. 거기에서 내 생각에는 수학적 추론에서 가장 전형적인 절차를 보게 됩니다. 앞에서 이야기한 것처럼, 우리는 거짓을 가정하고, 그 거짓의 수용할 수 없는 귀결을 거쳐, 참을 긍정할 수밖에 없게 되는 겁니다.

그렇다면 원소와 같은 수의 부분집합을 가진 집합 E가 있다고 가정해 봅시다. 이건 E의 모든 원소 x, y, z 등등과 E의 모든 부분집합들(이것들을 A, B, C 등등이라 할 때) 사이에 정확하면서도 완전한 대응이 있다는 이야기로 귀착되겠지요. 한 가지 놀라운 이미지는 모든 부분집합이 하나의 이름을 가지고, 이 이름이 거기에 대응하는 원소이며, 모든 원소가 한 부분집합의 이름이며, 두 개의 다른 부분집합들은 서로 다른 두 개의 이름-원소를 지니며, 그래서 두 개의 다른 이름-원소가 서로 다른 두 개의 부분집합들과 대응한다는 겁니다. 이 규칙들을 통해(수학자들은 이런 걸 원소들과 부분집합들 사이의 "일대일 대응"이라고 부르지요.), 우리는 부분집합 A가 원소 x에 의해, 부분집합 B는 원소 y에 의해 "명명"된다는 식으로 이야기할 수 있겠지요. 그리고 그러한 대응이 전체적이고 완전하기에, 모든 부분들집합과 모든 원소들은 이 "명명"에서 사용됩니다.

그래서, 내가 이야기하는 그 밤에 거의 마술같이 보였던 어떤 것에 의해, 하나의 "불가능한" 부분집합이 구성됩니다. 이를 위해(그리고 이건 천재적인 발상인데), 우리는 E의 원소들을 두 가지 종류로 구별합니다. 즉, 그 자체가 명명하는 부분집합 안에 있는 원소들(말하자면, z는 E의 원소인데, 부분집합 B를 명명하며 부분집합 B 안에 있는 겁니다.)과 명명하는 부분집합 안에 있지 않은 원소들(말하자면, y는 E의 원소인데, 부분집합 C를 명명하지만 C의 원소는 아닙니다.)로 나누는 거지요. 이 구분은 엄격하면서도 전체적입니다. 명백히, 어떤 한 원소는 그 자체가 명명하는 부분집합 안에 있거나 또는 없어야 하며, 여기에 세 번째 가능성은 없다는 이야깁니다.

이제 다음과 같은 속성을 지닌 E의 모든 원소들을 생각해 봅시다. 이 원소들은 그 자체가 명명하는 부분집합의 원소들이 아닙니다. 그것들은 분명히 E의 한 부분집합을 이룹니다.(E의 원소들로 이루어진 어떠한 집합이라도 E의 한 부분집합이 될 수 있지요.) 이러한 부분집합을 P라 명명합시다.("역설적인"paradoxale이라는 말을 줄인 겁니다.) 이것이 E의 한 부분집합인 이상, 이 부분집합 P는 E의 한 원소에 의해 명명되는데, 이 원소를 x_p라고 해보지요. 두 가지 가능성이 있는데, 하나는 x_p가 P의 원소가 아니라는 겁니다. 그 경우, x_p는 부분집합 P를 구성하는 원소들의 속성을, 다시 말해 그 원소들 자체가 명명하는 부분집합 안에 있지 않다는 속성을 지닙니다. 그러니까 x_p는 P 안에 있다는 거지요. 명백한 모순입니다. x_p가 P 안에 있지 않다는 가설이 이 원소가 P 안에 있다는 귀결로 이어지다니요! 따라서, 이 원소는 P 안에 있는 겁니다. 하지만 그렇다면, 그것은 P 안에 있는 원소들의 속성을, 다시 말해 그 원소들 자체가 명명하는 부분집합 안에 있지 않다는 속성을 지녀야 합니다. 그런데 x_p는 p를 명명합니다. 그러므로 이 원소는 P 안에 있어서는 안 되지요. 또 하나의 새로운 모순이로군요. x_p가 P 안에 있다는 가설이 그것이 거기에 있지 않다는 귀결로 이어지니 말입니다!

이 모든 것으로부터 도출되는 결론은 어떤 것일까요? 분명히, 우리의 최초 명제(부분집합들의 수만큼의 원소들이 있으며, 모든 원소는 어떤 하나의 부분집합을 명명한다는 등)가 거짓이라는 겁니다. 그러므로, 원소들의 수에 비해 더 많은 부분집합들이 있습니다.

이런 놀라운 과정을 통해, 나는 철학적 사유에 이르게 되었던 겁니다. 귀류법의 틀 안에서, 전략적으로 당신은 실제로는 거짓이라고 생각하는 어떤 것을 가정합니다. 당신은 이러한 가정의 귀결을 검토하겠지요. 그리고 만일 당신의 생각이 옳다면(즉 당신의 전략이 거짓을 가정하는 전략이라면), 당신은 본질적으로 불가능한 귀결을 발견할 기회를 얻게 됩니다.

달리 말해, 거짓으로부터 불가능한 것이 돌출되게 함으로써 참을 얻게 됩니다. 자 그래서, 한밤중에 그걸 이해하게 되었을 때, 젊은 데다가 놀라움과 동시에 만족을 원하니, 당신은 행복한 겁니다! 더군다나, 당신은 하나의 정치적 도식을 얻게 됩니다. 어떤 주어진 집합 안에 원소의 수보다 부분집합의 수가 더 많다는 사실은 집단(부분들)의 풍부함이, 그 심원한 자원이 개별자들의 자원을 능가한다는 것을 의미합니다.[3] 칸토어의 정리는 추상적인 층위에서 동시대적 개인주의의 지배를 논박합니다.

선생님은 마술 같은 것을 말씀하셨는데요. 거짓을 이용해 불가능한

. . . .

3 칸토어의 정리는 멱집합의 크기가 항상 원래의 집합의 크기보다 크다는 정리이다. 바디우는 상황(situation)과 상황의 상태(état de la situation, 간단히 줄여서 상태)라는 개념을 제시했는데, 간단히 말하자면 상황은 어떤 주어진 집합, 그리고 상태는 상황의 부분들의 합(부분집합들의 집합, 즉 멱집합)이라 할 수 있다. 이때 상황과 상태의 크기 혹은 힘을 원소들의 수를 들어 비교할 수 있는데, 칸토어의 정리에 따를 때 상태는 언제나 상황보다 크거나 혹은 더 큰 힘을 가진다. 거칠게 말해서, 상황 속의 방황하는 공백을 잡아내기 위해 고안된 상태(état)를 국가(état)를 말하는 것으로 보고 상황을 어떤 주어진 사회를 말하는 것으로 볼 경우, 본문의 이 부분에서 바디우가 언급하는 '정치적 도식'을 이해할 수 있을 것이다. 즉, 부분으로서의 국가의 힘이 전체로서의 사회보다 더 크다는 점을 말이다.

것을 거쳐 참을 얻는다는 이야기에는 실제로 상당히 신비한 측면이
있군요.

이렇게 말할 수 있겠지요. 수학은 모종의 신비로 둘러싸여 있지만, 결
국 이 신비는 완전하게 밝혀지는 신비입니다. 그러니까 이미 이러한
순수하게 실천적인 층위에서도 독특한 즐거움의 경험이 있는 겁니다.
초보적인 프로이트 이론을 약간 살펴봅시다. 우리는 거기에서 불가사
의함과 즐거움의 유아적 혼합을 얻게 되는데, 왜냐하면 이전에는 결
코 보지 못한 무언가를 볼 것이기 때문입니다. 거짓은 참이 됩니다.
실재는 어떤 "불가능한" 대상을 발견하는 순간에 드러날 것입니다.
프로이트에게 있어, 우리는 그것이 어떤 대상인지 잘 압니다. 수학자
에게 있어, 아마도 정확히 그것과 같지는 않겠지만, 관련성이 있지요.
수학적 증명은 보이는 방식을(le chemin d'un voir) 구성하니까 말입니
다.[4] 우리는 모든 것을 이해하고 나면 모든 것을 돌아보며 정리합니다
(récapitule). 문제(la chose)의 기억을 구성하는 것은 더 이상 고통스러
운 단계들이, 즉 길을 잃게 하는 끝없는 계산이 아닙니다. 그 문제의

. . . .

4   이 부분에서 바디우는 프로이트의 정신분석과 수학의 증명 방식을 빗대어 이야기한
다. 프로이트의 방식은 환자 혹은 분석 대상의 증상의 근저에 놓인 어떤 트라우마적 경험
을 최면이나 오랜 대화 등을 통해 찾아내는 지난한 과정으로 구성되며, 수학적 증명은 어
떤 가설이나 추측을 증명하기 위해 필요한 여러 정리들에 대한 증명이나 이것들 간의 연
결을 거친 이후에야 비로소 완수된다. 바디우는 '보이는 방식' 또는 과정(le chemin d'un
voir)이라는 말로 이 두 과정의 유사성을 설명하고 있다.

기억을 구성하는 것은 당신이 이해했다는 사실이겠지요. 그런데, 만일 당신이 무언가를 이해하고 파악했다면, 그건 당신이 결코 예전에는 본 적이 없는 무언가를 보게 되었기 때문이며, 그건 오래도록 지속될 말할 수 없는 즐거움이 될 겁니다.

내 생각에 이러한 감동(sensation)은 철학자가 행복이라 부를 수 있는 것의 전형(paradigmatique)이며, 결코 내가 만들어낸 것이 아닙니다. 당신도 알듯이 『에티카』의 말미에서 스피노자는 지성적 행복 (béatitude)에 관해 이야기합니다. 지성적 행복은 어떤 적합한 관념 (idée adéquate)[5]에 이른다는 사실에 다름 아닙니다. 스피노자가 제시하는 적합한 관념들의 유일한 예들은 사실상 수학에 의지합니다. 그가 설명하는 것은, 하나의 적합한 관념, 곧 제3종의 관념을 갖게 되면, 우리는 증명의 전개에서 벗어나게 된다는 것입니다.(증명의 전개는 여전히 제2종 인식이지요.) 우리는 더 이상 증명의 무미건조함이나 수학 연습에 머무르지 않고 총괄적인(récapitulative) 종합에 들어갑니다. 이것은 내가 이해를 하게 되는 순간이라 부르는 것인데, 실제로 라캉은 진정한 프로이트주의자로서 "이해의 순간"에 관해 이야기하지요. 확실히 지겨운 증명의 단계들을 거쳐야 했지만, 빛이 비치는 순간이 있습니다. 그리고 바로 이런 것이 스피노자가 적합한 관념이라 명명하는

. . . .

5　'적합한 관념'은 스피노자의 『에티카』 2부 정의 4에서 제시된 개념이다. 이를 인용하자면, "적합한 관념이란, 그것이 그 자체로서 대상과의 관계를 떠나 고찰되는 이상 참된 관념의 모든 특질 또는 내적 특징을 지니고 있는 관념이다. 설명: 내가 내적 특징이라고 말함은 관념과 그 대상의 일치라는 외적 특징을 배제하기 위함이다."

것, 즉 제3종 인식인 거지요. 그리고 그에게는 이런 것이 바로 행복의 형상이며, 그는 이를 beatitudo intellectualis 곧 지성적 행복이라 부릅니다.

그렇지만 이러한 이해의 행복이란 게 정말로 수학에만 고유한 것일까요? 철학에서도, 예를 들어 고전적 저자에 대한 우리의 독해가 우리의 경험에 갑자기 새로운 빛을 비추는 듯 여겨질 때, 체험하게 되지 않나요? 그리고 선생님이 회상하신 어려운 문제를 극복할 때의 기분은 긴 훈련 후에 원래는 너무 어려웠던 동작을 숙달하는 데 성공한 운동선수의 기분과 비슷하지 않을까요?

나는 수학이 행복을 독점한다고 주장하는 게 아닙니다! 그럼에도, 운동선수의 기쁨은 자기애적(narcissique)이지요. 이 선수는 무언가에 자기로서 성공합니다. 반면 수학에서 경험하는 기쁨은 즉각적으로 보편적이지요. 당신은 당신 자신이 거기에서 경험하는 기쁨을, 누구라도 추론하고 발견하게 되면 마찬가지로 경험하게 된다는 걸 압니다. 행복은 다른 분야보다 특히 수학에서 더 어려운 보편적인 것의 향유입니다. 물론, 철학도 주체를 이런 행복의 방향으로 이끌고자 하지요. 하지만, 내가 기억하기로, 철학은 그 자체의 조건들에 관심을 가지며, "진리들"이라는 유적인 이름 아래 어디에서 행복의 원천이 발견되는지 보여줍니다. 그 자체가 행복의 원천들 중 하나가 되기보다는 말입니다.

개인적으로, 선생님은 요즘도 여전히 수학을 하는 즐거움을 누리시는지요? 수학에서 철학에 비교할 만한 기쁨을 얻으십니까?

다시 이야기하지요. 나는 철학 자체가 비할 데 없는 행복을 유발한다고 주장하는 게 아닙니다. 결코 그렇지 않아요. 행복의 참된 근원, 그것은 진리 절차에 대한 주체적 참여입니다. 집합적 정치 참여의 강렬한 순간들에 느끼는 열정, 특별히 감동을 주는 예술작품에서 유래하는 즐거움, 새로운 사유의 중요한 일면을 여는 정묘한 정리를 마침내 이해함으로써 얻는 기쁨, 둘이서(à deux) 한 개인의 지각과 정동이라는 순전히 유한하고 폐쇄적인 성격 너머로 갈 때 얻는 사랑의 황홀함 같은 진리 절차에 말입니다. 내 이야기는 철학이 당대의 새로운 진리들(verités)에 적합한 **"진리"**(Verité) 개념을 벼려내며, 이에 따라 주체-되기(devenir-sujet)의 가능한 경로들을 보여준다는 겁니다. 그러한 경로들은 개인적 주이상스(향유, jouissances)의 우위를 그리고/또는 순응주의와 복종의 숭배를 조직하는 지배적 의견들에 의해 막혀 있지요. 철학은 어떤 실재적 진리들의 실존에 대한 행복한 실천이 아니라, 오히려 진리들의 *가능성*에 대한 일종의 제시(présentation)입니다. 따라서 철학은 우리에게 행복의 가능성을 가르칩니다. 그런 이유로 나는 철학을 "행복의 이론"이 아니라 "행복의 형이상학"이라 부르지요. 이런 틀 안에서 나는 생생한 기쁨을 느끼며 수학을 합니다. 수학적 진리는 내가 제안하는 형이상학에서 결정적인 역할을 담당하기 때문에 더욱 그렇지요.

저는 잠시 이 행복의 문제로 돌아갔으면 합니다. 여기에 명료한 정의를 제시할 수 있다면 말이죠. 선생님은, 고대 철학자들 대다수의 계보에 따라, 행복이 필연적으로 철학 전체의 지평이라고 생각하시나요?

나는 실제로 철학에 그것 외에 다른 목적은 없다고 생각합니다. 누구에게나 그의 생생한 경험의 장에서 어떤 것이 행복한 방향인지 알 수 있도록 하는 것 말입니다. 또한 참된 삶, 즉 참된 이념을 자유롭게 따르는 주체의 삶이 가능하다는 전적인 확신을 제공하는 것이라고 말할 수도 있겠지요. 아무 망설임 없이, 그렇다고 단언합니다. 내 오랜 스승인 플라톤이 열정적으로 철학자는 참주(폭군, tyran)보다 행복하다고 설명했을 때, 그는 우리에게 추상적인 방식이 아니라 생생하면서도 현실적인 방식에서 구체적으로 진리의 과정에 참여하는 자가, 수동적이거나 방기된 삶이 아니라 최대한의 자기 역량으로 향하는 삶과 자유로운 주체의 삶을 사는 자가 향락을 좇는 자보다 더 행복하다고 말하려 한 겁니다. 왜냐하면 참주는 플라톤에게 있어 원칙적으로 정치 지도자가 아니라, 자신의 모든 욕구를 만족시킬 수 있는 자—이것이 〔참주에 대한〕 플라톤의 정의(définition)입니다—이기 때문이지요.

그리고 상업적으로 거래되는 작은 향락들보다 훨씬 큰 이 행복이라는 것은 무엇일까요? 이런 향락들보다 더 큰 행복이 있기는 할까요? 바로 이것이 철학의 중요한 질문입니다. **자본**과 상품 물신주의에 길들여진 우리 사회는 〔그런 행복은〕 없다고 대답합니다. 그러나 철학은 그 시작에서부터 집요하게 우리가 어떤 행복이 실존한다고 생각하도록 노력해 왔습니다. 작은 향락들에 꼭 반대하지는 않으며 이런 향락들을 금지하지 않는 행복이, 그러나 보다 밀도 있고, 보다 견고하며, 짧게 말해서 자유로운 **주체**의 욕망에, 곧 어떤 진리들과 긍정적인 (affirmative) 관계에 있는 주체의 욕망에 적합한 그러한 행복이 궁극적으로 실존한다고 말입니다. 이렇게도 말할 수 있겠습니다. 한정된 향락이나 개인적 안녕(후생, bien-être)에 대한 상업적 논리[6]는 우리를 실존의 어둠 속에 내버려두는 약하고 흩어진 빛과 같습니다. 외부의 빛이 통과할 그저 몇 개의 구멍이나 틈만이 있을 뿐인 어둠 말입니다. 철학이 언명하는 것, 그것은 우리가 보다 자유롭고 이윤에 덜 휘둘리는 이 환한 외부로 훨씬 더 큰 창을 낼 수 있다는 겁니다. 우리는, 플라톤의 유명한 은유에 따라, 동굴에서 나갈 수 있다는 것이지요.

그런데 그런 게 수학과 무슨 관계가 있을 수 있을까요?

글쎄요, 역설이나 이상한 이야기로 들리기도 합니다다만, 이 사안에 있어서 수학이 역할을 합니다. 일종의 축소 모델처럼 말이지요. 수학은 하나의 모델을 분명하게 그려냅니다. 수학에서, 이해의 어려움, 때로

. . . .

6 경제학에 관한 이야기로 볼 수 있다. 영국의 공리주의에서 시작된 경제학에서, 효용 (utility)이라는 개념은 원래 에피쿠로스 학파의 계보에 따른 쾌락이며, 후생(well-being, bien-être)이라는 개념 역시 이로부터 유래하는 것이다.

따분할 만큼 길게 늘어지는 사유의 길과 해결했을 때의 행복 사이의 관계가 상당히 명료하게 드러난다는 의미에서 말입니다. 우리가 또한 알 수 있는 것은 최초의 제약이 우리가 개인으로서 갖는 한계인 데 반해, 최종적인 이해는 그때 우리가 되어 있을, 그리고 보편적인 것과 소통할 **주체**의 이해라는 점입니다. 그건 쉽게 알 수 있는 일이지요. 그건 우리 자신이 할 수 있는 경험인데, 이 경험은 직접적으로 사유의 노고, 사유가 이끄는 노력과 사실상 보편적이며 또 절대적이지만 당신 자신의 노력 외에 그 누구에게도 빚지지 않는 그러한 종류의 보상을 유기적으로 연결합니다. 그리고 이 경험은 스피노자가 그랬듯이 "지성적 행복"이라 명명할 수 있겠지요. 그러니까, 분명히, 이건 그저 하나의 모델일 뿐입니다. "모두 수학을 하라, 그러면 그 어떤 진부한 향락을 즐기는 것보다 훨씬 더 행복해질 것이다!"라든가 혹은 "밤낮으로 수학에 몰두하고 나머지 모든 것은 내려놓으라!" 따위의 이야기를 하는 게 결코 아니지요. 그건 그저, 거기에서 열심히 노력하지만 방황하는 개인의 유한성과 어떤 보편적 진리를 깨달은 **주체**의 무한성 사이에서 가능할 변증법적 관계에 대한 하나의 제한적인, 그러나 설득력 있는 모델이 주어진다는 의미가 됩니다.

그런데, 선생님은 이 대담 도입부에서 선생님의 철학 체계에서 네 가지 진리 절차가 구별된다고, 혹은 달리 말하자면 **이념**(Idée)에 따르는 삶을 살아갈 네 가지 방식이 구별된다고 상기시키셨습니다. 그러니까 수학에 더해 예술과 사랑 그리고 정치가 있다고 말입니다.

112

그런데 이 서로 다른 길들이 행복에 대한 서로 완전히 다른 실존적 경험들과 대응하는 것처럼 보입니다. 수학은 어떤 측면에서 특권이 있는 주형(鑄型)이 될까요?

다시 한 번, 나는 수학에—그리고 덧붙여 당연히 존재론으로서 수학의 중요한 철학적 확장에—어떤 모델의 가치가, 아마도 순수한 사유의 집중 외에 그 무엇에도 의존하지 않는 환원된 모델의 가치가 있다고 주장합니다. 나는 수학이 그 자체로 모종의 우월한 행복이라고 주장하지 않습니다. 물론, 우리가 보일 수 있는 것처럼, 만일 네 가지 조건들이 수학과 시 사이에서 간격을 두고 배치된다면, 다른 과학들과 정치와 사랑과 다른 예술들을 경유하여, 우리는 이 조건들이 가능케 하는 행복과 관련해 수학과 시 사이의 차이가 정확히 어떤 것인지 알기 위해 시도하면서 우리가 이야기했던 모든 것을 다시 시작할 수도 있을 것이고, 이것은 다른 방식이 되겠지요. 실제로 수학과 시 사이에 사랑과 정치가 있습니다. 말하자면, 결국 타자와의 관계의 가장 작은 형식이, 곧 타자와의 관계의 일차적 세포인 사랑이 있으며, 그리고 인류 전체에 미치는 관계의 가장 폭넓은 형식이 있는데, 이 지점은 언제나 정치의 관심사가 될 수밖에 없겠지만 오직 진짜로 공산주의적인 정치에서만 그럴 겁니다.

  네 가지 조건들은 본질적으로 따로따로 떨어져 있습니다. 물론 교차점이 있기는 하지만, 이 조건들은 각각 그 자체로 작용하며 서로 다른 방식으로 철학적 성찰에 기입됩니다. 예컨대, 사랑은 차이 자체에 대한 사유의 실존적 주형이지요. 그것은 무관심(indifférence)이 아니라 차이(différence)를 안고 살아가기의 가능성이며, 다시 말해 세계가 단지 일자(Un)의 관점이 아니라 둘(Deux)의 관점에서 접근되거나 다루어질 수 있음을 경험하는 가능성입니다. 그러므로 사랑은 변증법을, 다시 말해 차이의 풍부함을 배우는 실존적 실습입니다. 이것이 바로 사랑의 힘에 관한 그 많은 문학작품이 있어 작위적인 차이들을 좌절시키고 동일성 너머로 가기를 수용하게 하는 이유인 겁니다. 로미오와 줄리엣은, 평소 완전히 갈라져 서로 증오하는 두 무리들에 속해 있지만, 로미오와 줄리엣의 사랑은 그들의 차이—범죄적 적대성에 흡수되지 않고 창조적인 것이 될 차이—라는 이름으로 직조된 대각선이지요. 따라서, 불가능성과 죽음의 위협이 한창 고조된 때에 로미오와 줄리엣의 사랑의 아침이 찾아오고, 그들은 자신들의 행복을 표현할, 그때껏 들어본 적 없는 어조를 발견합니다.

이때 이것이 꼭 수학과 관련 있을 필요는 없지요. 그렇다고 양립 불가능하다는 이야기는 결코 아닙니다. 만일 당신이 사랑하는 누군가와 수학을 한다면—이건 내 삶에서 여러 차례 있었던 일입니다만—당신이 동일한 어려운 문제의 해법을 그 사람과 함께 찾는다면, 음 그러니까, 이건 사랑의 경험인 동시에 수학의 경험이겠지요. 당신이 함께 그 문제의 해법을 찾아냈을 때, 기쁨은 두 배가 되고, 그 기쁨이 어느 영역에 속하는지 더 이상 알 수 없을 겁니다.

특히 정치에서, 선생님은 수학이 하나의 유익한 요건일 수 있다고 생각하시나요?

수학과 정치 사이에 명시적인 교차는 없습니다. 교차의 완전한 부재 (degré zéro), 그것은 선거일 저녁에 하는 개표 계산입니다. 당연히, 이 계산은 절대다수(majorité ablsolu)[7]와 규정된 다수(majorité qualifiée)[8] 개 념, 기권자 백분율 그리고 무효표(votes nuls)와 구별되는 백지 투표 (votes blancs) 집계로 정리되어야 합니다. 그러나 결국 그건 기본지식 에 속하지요. 그리고 내가 보기에, 엄격하게 정치적인 관건이란 거의 없기에—선출된 자들도 몇 가지 세부사항을 제외하고는 똑같은 일 을 합니다—우리는 진리를 이야기할 수 없으며, 따라서 행복도 이야 기할 수 없을 겁니다. 사실상 선출된 자와 그가 속한 파벌의 짧은 기 쁨이 있을 뿐이겠지요.

내 의견으로, 중요한 것은 다음과 같은 질문입니다. 우리는 정치에 서 정말로 합리성에 의해 지배되는 논의로부터 귀결되는 결정들에 이 를 수 있다고 여기는가? 그런 것이 실존할 수 있는가? 아니면 정치에 는, 진리의 정치를 위한 투쟁을 시도했던 플라톤의 생각처럼, 결국 의 견들만이 있는 것인가? 나는 그가 그 처방을 찾았다고 믿지는 않습니 다만, 어쨌든 그것은 정말 그의 목표였지요. 그리고 진정한 논증이 어 떤 것인지, 즉 누구라도 그 단계들을 따라가면 그 결론에 이를 수밖에

....

7   과반수.
8   3분의 2나 4분의 3같이 수를 정해놓고, 이 정해진 수를 넘겨야 인정되는 다수.

없는 논증이 어떤 것인지 안다는 사실은—그리고 바로 그런 것이 거의 절대적인 동의(accord)에 이르는 수학만의 독특한 방식인데—검토해야 할 모든 영역에서 중요합니다. 어쨌든 문제가 명료하게 제기되고, 검토하는 모두가 진정한 관심을 그 문제의 해법에 쏟을 때, 어떤 확고한 동의에 이를 수 있도록 하는 방법들이 있음을 안다는 단순한 사실, 그런 것이 어려운 상황에서 집단적으로 어떤 확실한 해결책을 찾아내야 할 때 소용이 될 수 있겠지요. 물론 그런 것이 정치를 정의하기에 충분치는 않습니다. 그러나 그것은 정치 방식을 새로운 방향으로 향하게(réorienter) 할 수 있습니다. 〔기존의〕정치 방식은 대개 현실적이지만 제대로 밝혀지거나 현시되지 않은 공통의 이해관계를 상상적인 재현 및 불충분하거나 낡은 상징체계와 섞어놓은 다소 저열한 혼합물이지요. 거기에서 나오고 싶다면, 어떤 공통적인 규범에 따라 결정들을 논의할 수 있어야 합니다. 수학자들은, 그들이 어떤 문제를 살필 때, 하나의 완전히 공통적인 규범을 가지며, 이런 이유로 증명에 관해 의견을 일치시키거나, 또는 그 증명이 잘못되었을 경우 그것에 오류가 있다고 선언합니다. 그리고 그 증명을 내어놓은 사람도 그걸 인정해야 하겠지요.

정치적 논의의 합리적 방법은 하나의 이상형으로 남습니다. 활동가(militants)였던 모든 사람들이 특히 노동 계층 내에 열광적인 집회들이 있을 수 있다는 점을 안다 해도 그렇지요. 그 이유는 정확히 〔그러한 논의의〕결론이, 즉 유효하며 통일적인 구호가 더디지만 매우 실효적인 과정의 결과였기 때문입니다. 그리고 이런 발견은 하나의 집

116

단적인 참된 행복입니다. 매우 일반적인 수준에서, 이렇게 질문을 해 볼 수 있겠습니다. 정치적 담론이란 결국 수사학(rhétorique)일 뿐인가? 이 질문에 예라고 말하는 자들, 정치적 담론이 승리를 위한 수사학이라고 생각하는 자들, 이들은 소피스트들(sophistes)입니다. 우리는 BCE 4세기의 오랜 적수를 다시 만나게 된 셈이지요. 소피스트들은 사람들을 부추겨 그들의 개인적 신념이 어떤 것이든, 그리고 어떠한 "진리"에도 관심을 두지 않고 승리의 담론을 받아들이게 합니다.

불행히도, 연설법(수사학)은 오늘날의 정치 언어입니다. 지키지 않을 약속을 말하는 연설, 실천 불가능한 기획을 말하는 연설, 가짜 필요를 만들어내는 연설이지요. 이 연설 아래, 상당수의 결정들이 취해집니다. 바라는 결론에 도달하기 위해 전반적으로 은밀하거나 사전에 조직된 집회들에서, 저항할 수 없는 힘을 지닌 상당수의 이해관계들을 위해서 말입니다. 심지어 연설이 재앙적인 결정으로 귀결되는 일이 벌어지기도 합니다. 그 결정을 제안한 자에게도 마찬가지로요. "민주주의적"이라고 기만적으로 명명되는 의회 정치는 그다지 분명치 않은 이해관계들, 대체로 천박하고도 가증스러운 정동들, 거짓 지식 그리고 비합리적인 연설법의 혼합물에 의해 지배를 받는 영역입니다.

수학에 대한 예찬을 표해야 한다면, 당신이 제안하는 분야[9]까지 포함해서 그래야 한다면, 나는 이렇게 말하겠습니다. 진정한 담론적 합리성의 꾸준하고도 지속적인 연습(exercice)은 진정한 내용 없이 이익

. . . .

9 질 아에리는 '정치'에서 수학의 유용성에 관해 질의했다.

을 사취하는 연설에 우리가 노출되지 않도록 막거나 또는 이를 약화
시킵니다. 이에 따라, 내 생각에는 교육을 전면 개정하여 모든 사람이
스무 살이 되기 전에 근대 수학에 대한 폭넓은 지식을 얻어야 합니다.
원한다면, 각 사람이 이 과학의 최신 지식을 완전히 익히고 이에 관심
을 가질 수 있게 하며, 공상적인 재능이 없는 탓이라 여겨지는 무지에
방해받지 말아야 합니다. 수학은 어려운 결정들에 관해 합의에 이를
수 있도록 하는 담론적 합리성을 계발하는 연습문제들(exercices)을 제
시하기 때문이지요.

아무튼, 수학은 모든 집단적 진보의 열쇠이자 또한 개인적 행복의
열쇠가 되는 무언가를 연습하기 위한 인간의 발명품들 중 가장 설득
력 있는 것입니다. 바로 우리의 한계를 잊고 참된 것의 보편성에 명확
하게 이르는 것이라는 말입니다.

결국, 선생님의 말씀에 따를 때 수학은 그 전적인 순수성과 단순성
에서 우리에게 진리와의 어떤 주체적 관계를 경험할 가능성을 제공
합니다. 이 점에서 수학은 사랑이나 정치와 같은 다른 실존의 영역
에서 "참된 삶"의 학교라고 할 수 있다는 건가요?

정확히 그렇지요. 수학의 단순성, 그 꾸밈없음, 사안들의 중간 상태나
의견들의 혼합과의 비타협, 이 모든 것이 한때 거기에 바쳤던 사유와
실존을 "참된 삶"의 방향으로 돌려놓는 것이지요. 그리고 여기에 역
설이 있습니다. 대다수의 사람들이 그 복잡성을 이유로 수학을 거부

118

하지요. 또한 눈앞의 실존적 쟁점이 없다는 이유로 말입니다. 하지만 바로 그겁니다! 우리를 경탄하게 하는 것은 바로 수학의 단순성, 수학이 일의적이며, 아무것도 숨겨진 것이나 모호한 것이 없고, 이중적 의미나 계산된 기만이 없다는 점이지요. 그리고 지배적인 의견들에 대한 수학의 무관심은 자유의 모델입니다. 이런 의미에서, 그렇지요, 정치나 사랑에서 이에 필적하는 단순함과 보편성에 이르는 것은 삶의 이상형으로 받아들여질 수 있습니다.

결론

선생님의 수학 예찬은 수학의 중요성을 강조합니다. 그저 철학자에게만 중요한 게 아니라 선생님이 "참된 삶"이라 명명하시는 무언가를 열망하는 누구에게나 중요하다고 말입니다. 그래서 이로부터 상당히 중요한 마지막 질문이 나오는데요, 어떻게 [사람들이] 수학을 발견하게 —또는 다시 발견하게— 하며, 무엇보다 어떻게 수학을 사랑하게 할 수 있을까요?

음, 당신은 내가 매우 민감해하는 문제를 제기하는군요. 내 생각에 수학이 일반 교육기관에서 작동하는 방식은 마땅히 취해야 할 방식이 아니며, 또 어쩌면 취할 수 있었을지도 모를 그런 방식도 아닙니다. 그 이유는 이런 것이지요. 우리가 수학을 가르치는 이상, 먼저 이게 재미있다는 확신을 만들어내는 데 성공해야 합니다. 이렇게 말해서는 안 된다는 겁니다. "이건 알아둬야 되니까, 이것만 배우면 그걸로 된 거야." 이건, 부득이한 경우에, 예컨대 아이에게 구구단을 가르치는 것과 같은 시급한 일을 처리할 수 있게 해줍니다. 어떤 의미에서 이건 그저 셈하기의 실용론(pragmatique)에 지나지 않을 뿐이지요. 하지만 진정한 수학이, 중요하면서도 또한 복잡한 문제들에 직면하게 하는 수학이 관건이라면, 내가 앞서 모든 지식의 전달에 관해 이야기했듯이, 이것이 재미있다는 느낌을 절대적으로 불러일으켜야 합니다.

그래서, 어떻게 이런 느낌을 불러일으킬 것인가? 모든 것이 해결된 문제의 개념을 중심에 두고 돌아가지요. 내가 확신하기로 아동은, 심지어 아주 어린 아이라도, 문제를 해결한다는 생각에 흥미를 가질 수 있습니다. 아이들은 본성적으로 수수께끼를 좋아하니까, 그때껏 본 적이 없는 무언가에 흥미를 느끼고 그런 걸 찾아내는 걸 좋아하지요. 모든 것이 이 밝혀짐을, 이 해결된 수수께끼를 둘러싸고 조직되어야 합니다. 교수법은 이런 목표에 완전히 집중해야 할 겁니다. 아이들에게, 청소년들에게, 그리고 결국에는 모든 사람에게 수학에 뭔가 놀라운 것이 있다는 느낌이 생겨나게 하는 것, 그것은 때로 놀랍고도 예측할 수 없는 방식으로 매우 명료하고도 정확하지만 어쨌든 진짜 수수께끼라 할 수 있을 그런 수수께끼들을 푸는 것이지요. 이런 면에서, 게임의 세계에 들어가기를 망설이지 말아야 하는데, 왜냐하면 결국 어떤 문제를 푸는 것은 또한 게임의 소재(donnée)이기도 하기 때문입니다. 이것이 꼭 수학에 대한 유희적 발상을 끌어들여야 하는 것은 아니지만, 그런 발상이 흥미를 유발하지요. 게다가 신문, 잡지 들에서 수학적 수수께끼들을 찾을 수 있는데, 나는 이런 접근을 경시해야 한다고 생각하지 않습니다. 크로스워드 퍼즐을 비판하는 게 현명하지 않듯이 말입니다. 이 퍼즐은 철자법과 상당히 정교한 의미론을 동시에 배우게 하지요.

수학이 재미있다는 그러한 확신을 만들어내는 방법들 중에서, 우리는 수학 바깥에서도 두 가지 근거를 찾을 수 있겠습니다.

먼저 수학사가 있겠는데, 이 역사는 생생하면서도 육화된 방식으로, 그렇지만 결과들에 대한 체계적이고 지루한 설명에 그치지 않는 방식으로 이야기되어야 합니다. 결과에만 집착하거나 심지어 결과에 우위를 두지 않고, 오히려 여러 우여곡절 끝에 풀린 수수께끼로서의 사안의 흥미로움을 포착해야 합니다. 그리스의 한 작은 정리가 왜 그리고 어떻게 발견되었고, 어떤 조건에서 발견되었는지, 그것이 무엇에 소용이 되었는지, 이후에 어떻게 되었는지, 철학자들이 그 정리에 관해 어떤 주석을 남겼는지 등등을 알게 되는 일은 아주 흥미롭지요. 이런 식으로 『메논』에서 플라톤이 사용한 유명한 예를 들어봅시다. 주어진 한 정사각형의 두 배 면적이 되는 정사각형은 어떻게 만드는가? 이건 농부들 간에 벌어지는 갈등의 문제, 경작 면적에 대한 이야기가 될 수 있겠지요. 그 대화편에서, 소크라테스는 마침 우연히 근처에 있던 한 노예에게 이 문제를 냅니다. 그리고 그는 그 노예가 몇 차례 시행착오 끝에 그 증명을 매우 잘 이해한다는 점을 보이는데, 이 증명에서 밝혀지는 것은 한 정사각형 ABCD 면적의 두 배가 되는 정사각형에서 한 변이 처음 정사각형의 대각선(이걸 AC라고 하지요.)

이 된다는 점이지요. 이건 실제로 그림을 그려보면, 그러니까 정사각형을 대각선 위에 그려보면 곧바로 알 수 있습니다. 그러나 이 노예의 직관적인 문제 이해 이면에 있는 것은 정말이지 극도로 교묘하면서도 당황스럽습니다. 확실히, 누구나 쉽게 아는 것처럼, 사각형의 면적은 두 변의 곱이지요. 처음의 정사각형 ABCD의 변들의 길이가 수 1이라고 해봅시다(예를 들어, 1미터). 그 면적은 1×1, 즉 1(평방미터)일 겁니다. 두 번째 정사각형의 면적, 그러니까 대각선 AC 위에 세워진 정사각형의 면적은, 그림이 보여주는 것처럼, 그 두 배 곧 2(평방미터)입니다. 그래서, 이 두 번째 정사각형의 변의 길이, 그러니까 대각선 AC의 길이는 무엇인가? 두 면적의 비율(rapport)은 명료하고, 그건 2/1 즉 2겠지요. 두 [정사각형의] 변의 비율은 어떤가? 직각삼각형 ABC에 피타고라스의 정리를 적용해 보지요. $AB^2+BC^2=AC^2$이지요. 그리고 AB=AC=1이니까, $1^2+1^2=AC^2$이겠네요. 말하자면 $1+1=AC^2$이니까, $2=AC^2$입니다. 그러므로 대각선 AC의 크기(mesure)는 [AC를 한 변으로 하는] 정사각형의 수[면적]가 2와 같아지는 수여야 한다는 거지요. 오늘날 우리는 이 수를 "루트 2"라 부르지요. 하지만 불행히도, 이 수는 자연수가 아니며, 유리수마저 아닙니다. 이를테면 두 자연수의 비율로 나타낼 수 있는 수, 즉 분수라고도 불리는 수가 아니라는 거지요. 그리스인들에게는 실제로 자연수와 자연수들 간의 비율밖에 알려지지 않았고, 대각선의 길이를 측정하는 수, 그러니까 오늘날 우리의 루트 2는 실존하지 않았습니다. 이런 사실의 흔적은 오늘날에도 여전히 이런 종류의 수들이 "무리수"(無理數, irrationnels)[1]라고 불린다는 점이지요. 그러니까 "주어진 정사각형 면적의 두 배 면적이 되는 정사각형을 만들어라"라는 사소한 기하학 문제가, 그 해법은 직관적일지 모르나, 산술적인 심연으로 가는 길을 열어, 3세기 동안 그리스 수학자들을 사로잡게 되고 오늘날에 이르기까지 소위 비합리적인(irrationnel) 수들과 관련한 상당히 어려운 문제들을 제기하는 겁니다. 이게 바로 문제들의 역사, 그에 대한 해설, 그리고 풀이의 어려움이, 내 생각에, 수학 교수법의 일부가 되어야 하는 이유입니다.

두 번째로 도움을 얻을 수 있는 것은, 수학사와 더불어, 철학으로 무장하는 것입니다. 왜냐하면 결국 수학의 관심은 또한 수학이 무엇인지 자문하는 것이기도 하니까요. 그리고, 이미 살펴본 그대로, 이 질문은 본질적으로 철학적이며, 이 질문이 규명되는 곳은 달리 없습니다. 그런 이유로 나는 유치원에서부터 철학을 가르쳐야 한다고 생각합니다, 정말로요. 우리는 세 살짜리 아이들이 열여덟 살 먹은 아이들보다 훨씬 훌륭한 형이상학자라는 걸 압니다. 그 아이들은 형이상학의 모든 질문을 던지기 때문이지요. 자연이란 무엇인가? 죽음이란 무엇인가? 타자란 무엇인가? 왜 세 가지가 아니라 두 가지 성(sexes)만 있는가? 이 모든 것이 철학 이전에 형성된 탐구의 토양입니다. 내 생각에 이야기를 들려주거나 놀이 같은 수수께끼를 풀면서 상당한 기

....

1 nombre rationnel(유리수)은 직역하면 '합리적인 수' 또는 '이성적인 수', nombre irrationnel(무리수)은 '불합리한 수' 또는 '비이성적인 수'. 이에 대한 번역어인 '유리수'(有理數)와 '무리수'(無理數)에서 '理'라는 한자 역시 '이성'이나 '합리'를 뜻하는 말이다.

초 수학을 습득할 수 있는 것처럼, 최고의 철학도 이런 학습에 관련될 수 있다고 봅니다. 철학을 대학 입시반에서야 수고롭게 시작해야 한다는 건 정말로 유감스러운 일입니다. 엄청난 노력이 있었습니다. 특히 작고한 나의 동료 자크 데리다의 경우에, 초등학교 2학년이나 1학년 교육 과정에 철학을 집어넣기 위해 노력했지요. 불행히도 우리는 한 치도 전진하지 못했습니다. 철학은 여전히 대입 예비반에서 위기에 처한 교과목으로 남아 있고, 수학은 사회적 선택의 지긋지긋한 작용소로 남아 있습니다. 음 그러니까, 나는 유치원 졸업반에서 두 가지를 할 것을 제안합니다. 다섯 살 개구쟁이들은 확실하게 집합론뿐 아니라 무한의 형이상학도 잘 활용할 수 있을 겁니다!

옮긴이 후기

1

이 책은 바디우의 네 가지 예찬 시리즈(『사랑 예찬』, 『수학 예찬』, 『연극 예찬』, 『정치 예찬』) 중 하나를 번역한 것이다. 이 예찬들은 각각 바디 우가 철학의 조건으로서 제시하는 네 가지 진리 생산의 절차들(사랑, 과학, 예술, 정치) 각각에 대응하여 진행한 대담을 정리한 것으로, 우리 나라에서는 그간 『사랑 예찬』만이 번역되어 있었다. 두 번째로 소개 되는 예찬인 이 책은 바디우가 견지하는 수학과 철학의 관계에 대한 견해를 출판인인 질 아에리와 함께하는 대담 형식으로 무겁지 않게 풀어내고 있다. 물론 바디우의 체계 자체가 원체 복잡하고도 엄밀한 논리로 구성되기에, 대담으로 풀어낸다고 해서 그 내용 자체가 쉬워 지는 것은 아니다. 하지만 이렇게 대화로 풀어내는 그의 이야기에서, 정밀한 이론적 체계의 긴장을 팽팽히 유지하는 기존의 책에서는 미처 발견하지 못했던 내용들을 포착하게 되는 경우가 종종 있기에 이 대담집은 가치를 지닌다고 할 수 있겠다. 번역을 마무리하는 의미에서 내용을 간략히 정리하며 나름의 옮긴이 후기를 갈음하고자 한다.

2

수학이라는 말을 들을 때 사람들은 어떤 생각을 할까? 아마도 수학자로서 훈련되지 않은 사람들이라면 거의 비슷할 것 같은데, 수학이란 중고등학교 시절에 내신이나 수학능력시험에서 엄청나게 큰 비중을 차지하기에 조금이라도 좋은 점수를 받기 위해 노력하지만, 그 엄청난 학습량과 문제들의 복잡함에 치여 질려버리게 되는 좋지 않은 경험의 기억을 떠올리게 하는 과목이었다는 생각을 하지 않을까 싶다. 말하자면 수포자(수학 포기자)를 양산하는 과목, 그래서 수학과나 이공계 수학을 공부해야 하는 학과 전공자가 아닌 이상, 대학 문턱을 넘어서자마자 곧 잊어버리게 되는 그런 과목인 것이다. 혹시라도 과외선생 같은 일을 하게 되어 어쩔 수 없이 고등학교 수학책을 다시 뒤적이게 되는 예외적인 경우를 제외하고 말이다.

그런데 무슨 이유로 수학을 드높인다는 의미의 '예찬'이라는 말을 하는 것인가? 특히 이 책이 철학책으로 분류될 것이라는 가정 하에, 책을 보게 될 사람들은 아마도 인문학 전공자이거나 혹은 이 분야에서 소양을 쌓아온 사람들이 될 터인데, 대부분의 경우 그렇게나 고통스럽고도 떠올리기도 싫을 수학이라는 학문에 대한 찬양을 말이다.

3

1장 "수학을 구해야 한다"에서 철학자 바디우는 이러한 수학 예찬이 오늘날 위기에 빠져 있는 수학을, 그리고 그와 더불어 철학을 구해내기 위한 것임을 말한다. 여기서 수학의 위기란 오늘날 수학 학습이 일반적으로 더 좋은 대학을 가거나 혹은 더 좋은 학생을 선발하기 위한 도구로 사용되고 있는 결과, 수학 지식이 수학적 탁월성을 추구하는 소수의 수학자 집단 혹은 사회 내에서만 서로 소통되는 수학적 귀족주의에 이르게 되고, 일반인들은 그러한 탁월성을 그저 경외의 눈빛으로 대할 수 있을 뿐이며 수학을 구성하는 형식과 규율의 합리성을 경원시하게 된다는 것이다. 흥미로운 것은 그러한 수학의 희소화 경향과 함께 철학은 너무나도 범속화되고 누구나 할 수 있는 것으로 간주되며, 그저 누군가에게 해주는 윤리적·정신적 조언 같은 것으로 전락해 버렸다는 점이다. 바디우는 자신의 기획이 언뜻 보기에 너무나도 먼 방향을 향하고 있는 듯 보이는 이 둘 간의 극심한 분리를 극복하는 것이라 말한다.

4

2장 "철학과 수학 혹은 어떤 오랜 커플의 역사"에서 바디우는 철학과 수학의 오랜 관계에 대해 이야기한다. 기실 수학과 철학은 고대 그리스에서 철학이 시작된 이래 아주 오랫동안 함께해 온 커플이라 할 수 있다. 이들이 함께 묶일 수밖에 없었던 주된 이유는 수학이 어떠한 권위에도 의지하지 않으며, 오직 자신의 증명에만 의지하는 합리적 인식의 과정이라는 점이다. 한 사람의 증명이 참이라면, 그 증명은 기존의 이야기에, 즉 고대 사회에서 중시되는 신화나 계시의 권위에 호소하지 않으며, 오직 수학에 대한 충분한 지식을 가진 사람들의 집단에 의해 인정될 뿐인 것이다. 수학은 수학 자체에 의해 정해진 규칙에 따른 합리적 증명을 거치지 않은 지식 혹은 주장을 반박하며, 철학은 바로 이러한 합리성에 기초하여 종래에 증명되지 않은 채 진리로 간주되던 신화나 시인들의 지식에 반기를 들었다. 바디우는 이런 점에서 수학과 철학이 고대 그리스의 같은 시기에 나타난 민주주의와도 궤를 같이한다고 말한다.

그런 의미에서 수학이 먼저냐 철학이 먼저냐 하는 문제는 입증할 수 없는 무의미한 논쟁이 될 뿐이다. 철학의 시초에도 이미 수학적 증명 방식이 자리하고 있었는데, 말하자면 철학의 시초에 자리한 엘레아 학파의 사유에서도 수학적 사유의 흔적을 발견할 수 있다는 것이다. 예를 들어, 한 명제에 대한 부정명제가 거짓임을 입증함으로써 원래의 명제가 참임을 증명하는 기법인 귀류법은 파르메니데스의 사유에서도 그 흔적을 볼 수 있다. 존재는 존재하는 것이며 그것이 일차적인 진리임을 입증하기 위해, 비존재가 존재하지 않음을 증명하는 논법에서 말이다.

또한 바디우는 역사적으로 철학자들이 수학적 사고방식을 사용한 예를 찾을 수 있다는 점을 언급한다. 데카르트의 경우, 그의 잘 알려진 방법적 회의를 이야기할 수 있겠는데, 이는 일종의 절대적 회의라는 것으로, 매우 과도한 의심을 통해 기존에 알려진 모든 진리와 경험의 허망함을 단언하지만, 결국에는 자신이 의심하고 있다는 사실만은 부정할 수 없다는 결론에 이르며, 이것 또한 일종의 귀류법적 과정을 보인다 할 수 있다. 스피노자의 경우, 목적성 혹은 궁극인이라는 세계에 외부적인 무언가를 배제하기 위해 합리적 추론(연역)을 끝까지 고수한다. 또 그는 자신의 체계를 만들기 위해 수학자 에우클레이데스의 기하학적 『원론』의 논의 전개 방식을 그대로 수용하여 정의, 공리, 정리, 따름 정리, 보론 등의 체제에 따라 자신의 윤리학을 구성한다. 칸트는 『순수이성비판』 2판 서문에서 자신이 정초하고자 하는 비판철학이 있기 위해 수학이 필수적이라고 주장하며, 또한 수학의 탄생은 단순히 역사적 필연이 아닌 탈레스라는 단 한 사람의 발명에서 유래한 일종의 창의적 우발성임을 말한다. 또한 그에 따를 때 수학의 이해는 선험적 이해인데, 여기서 수학적 합리성이 보편적인 것은 그것이 실재와 연결되기 때문이 아니라, 인식적 주체성 자체의 보편적 구조에 회부되기 때문이다.

여기서 바디우는 수학이 모든 사람에게 규약으로 약속된 언어라는 점을 상기시키며, 수학은 선험적 형식론, 즉 합리적 논증의 언어라고 말한다. 즉 수학이라는 언어가 없다면 자연에 대한 과학적 논증은 있을 수 없으며, 철학에서의 정식화 역시 불가능하다는 것이다. 그런 의미에서 수학은 철학에 대한 우선성을 갖게 되는데, 여기서 대담자 아에리는 수학자나 과학자들이 수학이나 과학 연구를 진행하면서도 그 보편성이나 고유한 진리에 대해 자문하지 않아도 좋다는 실증주의적 태도를 취한다는 점을 지적하며 논의의 방향을 돌린다.

바디우는 이러한 실증주의적 태도에 따른 철학과 수학 혹은 과학의 괴리에 대한 책임은 수학자나 과학자들이 아닌 철학자들에게 있다고 주장한다. 수학자들은 별다른 이익도 없는 연구를 위해 자신의 삶을 바침으로써 인류에 봉사한다는 점에서 책임을 물을 수 없다는 말을 덧붙이기는 하지만, 과거에 저술한 책(『조건들』)에서는 수학자 및 과학자들은 자신의 연구를 할 뿐 그 연구의 결과가 어떤 의미를 갖는지 알지 못한다는 식으로 말하기도 한다. 어쨌든 그럼에도 철학과 수학의 괴리는 철학자들의 탓이며, 이는 철학자들이 특정한 순간부터 철학이 과학, 예술, 정치, 사랑이라는 바디우의 네 가지 유적 진리의 영역을 모두 감당할 수 없다는 생각에 이르게 되었기 때문이다. 이는 철학이 특수한 대상의 담론이 되어야 한다는 태도이며, 말하자면 수학이나 과학을 철학의 대상으로 삼는 방식이다.

여기서 바디우는 라캉이 세미나 17권에서 제시하는 '대학 담론'을 언급하는데, 이는 철학이 모든 것을 대상으로 삼는다는 '주인 담론'의 야망을 버리고 보다 특정한 대상인 수학이나 과학을 대상으로 삼게 되었음을 말하는 것이다. 하지만 이 또한 숨겨진 주인 담론이라 말할 수 있는 것은 지식 혹은 인식의 특권을 가진 철학이 수학 혹은 과학을 대상으로 삼아 철학의 체계 속에 포함시키고자 하기 때문인데, 어쨌든 이러한 대학 담론에서 생산되는 귀결은 철학과 수학의 심각한 분리이다. 분명히 말할 수 있는 것은 바디우는 수학 혹은 과학을 단순히 철학적 담론의 대상으로 취하는 것이 아니라, 이를 오히려 철학의 조건으로 삼는다는 것이다. 즉 앞서 이야기한 것처럼 수학 혹은 과학이라는 진리의 영역은 철학에 종속된 것이 아니며, 반대로 그것이 없다면 철학도 있을 수 없는 조건이라는 것이다. 이를 통해 철학과 수학 혹은 과학은 일종의 양립할 수 있는 평등한 동반자 관계로 연결된다. 철학의 구성은 수학의 체계적 합리성이 없으면 있을 수 없고, 수학은 철학이 없다면 그 자신이 하는 말의 의미를 알 수 없는 것이다.

5

바디우는 3장 "수학은 무엇에 관해 이야기하는가?"에서 수학의 정의가 어떤 것인지 묻는 아에리의 질문에 대해 그런 정의는 수학에 내부적인 문제가 아님을 지적하며, 철학이 수학을 바라보는 두 가지 주요 성향에 관해 이야기한다. 먼저 흔히 플라톤주의적이라 일컬어지는, 존재론적이거나 실재론적인 성향이 있는데, 이는 수학이 존재하는 것의 일부를 이룬다는 입장이며, 수학이 없다면 물리학(현실 세계의 과학 이론)이 실존할 수 없다는 아인슈타인의 생각 또한 설명할 수 있다. 즉 갈릴레이의 말 그대로 세계는 수학적 언어로 쓰여 있다고 보는 입장인 것이다. 다음으로 형식론적 성향이라 말할 수 있는 것이 있는데, 이 입장에 따를 때 수학은 그저 언어게임에 불과하며 형식적으로 엄격한 언어의 규약이 될 뿐이다. 이러한 입장의 대표자인 비트겐슈타인은 심지어 수학은 아무 의미도 없는 자명한 진리들을 말하는 동어반복이 될 뿐이라는 주장을 제기하기도 한다. 물론 여기서 바디우가 선택하는 입장은 전자의 실재론적·플라톤주의적 정향이며, 수학은 존재로서의 존재를 다루는 일종의 존재론이라는 것이다.

6

바디우는 이러한 정향에 근거하여 자신의 철학 체계를 세우며, 대담의 거의 마지막 부분인 4장 "수학에 의지한 형이상학의 시도"에 이르러 존재와 사건 3부작의 마지막 책인 『진리들의 내재성』에서 제시하게 될 시도들을 간략히 논한다. 바디우의 이 세 번째 대작은 모종의 내재적인 절대성을 찾기 위한 시도인데, 말하자면 이전의 책들에서 제시된 단독성과 보편성 사이를 잇는 가교로서의 절대성을 찾는 것이다. 이와 관련한 한 강의에서 바디우가 제시하는 바에 따를 때, 종교가 제시하는 신이라는 초월적 절대성은 역사적으로나 문화적으로 보편적인 것과 단독적인 것 사이의 모순을 해결하는 수단이었는데, 이세 번째 책에서의 시도는 신의 초월성을 제거하면서도 그 이점을 그대로 취하는 동시에 절대성을 내재적 차원으로 끌어오고자 하는 것이다. 즉 신성 없는 절대성이 가능하다는 것이며, '진리들의 내재성'이란 다름 아닌 절대성의 내재성이 된다. 바디우는 이를 위해 V(진공)라는 절대적 모임(class) 개념을 제시하고, 자신의 철학 체계가 부동성, 무에 따른 구성, 공리적 규정, 최대성이라는 원칙들에 따라 구성된다는 점을 논한다.

5장의 제목 "수학은 행복을 만드는가?"라는 질문은 수학에 대한 반감을 가지는 사람이라면 어느 정도 위화감을 느낄 법한 것인데, 이는 바디우가 네 가지 진리 절차 각각에서 주체가 이르게 될 정동 혹은 감정으로서의 행복을 이야기한다는 사실에서 기인하는 제목이라 할 수 있다. 그러한 행복이란 정치, 예술, 과학(특히 수학), 사랑이라는 각각의 진리 영역에서, 진리에 참여하는 주체는 정치 참여의 강렬한 열정을, 감동을 주는 예술작품에서 오는 즐거움을, 새로운 사유에 이르게 하는 정리의 이해에서 얻을 수 있는 기쁨을, 그리고 둘의 마주침에서 사랑의 황홀함을 얻게 되는 것이다. 물론 이러한 진리에 대한 참여는 일정 부분에서 주체의 희생을 의미하며, 그 과정은 지난한 것이기도 하다. 이러한 측면은 과거에 내가 번역하기도 했던 『행복의 형이상학』이라는 책의 제목에 원래 포함되어 있었으나 해당 출판사의 권유로 제거하게 된 '실재적'이라는 말의 의미이기도 하다. 어쨌든 바디우는 존재론으로서의 수학에 기초하여 구성된 자신의 철학을 '행복의 형이상학'이라 지칭한다. 바디우의 체계 속에서 수학과 철학은 '진리들'이라는 이름 아래 서로의 연결점을 회복하며 행복의 원천이 발견되는 위치를 탐색하게 되는 것이다.

7

올해 이른 봄에 있었던 대통령 선거가 끝나고, 5월 10일에 드디어 새로운 대통령이 취임하게 되었다. 개인적으로 이 새로운 대통령의 정치적 성향에 대해 전혀 동의할 수 없으나, 이 나라에 사는 모든 사람의 안위라는 면에서는 새로운 대통령과 정부가 성공적인 국정 운영을 수행해 주기를 바라 마지않는다. 그런데 대통령의 취임사에서 뜬금없이 등장한 '반지성주의'라는 말이 걸린다. 지난 시기 미국의 전 대통령 도널드 트럼프가 사용하기도 했던 이 말은 마치 자신의 정치적 입장에 반대하는 자들 모두가 '지성' 혹은 지적인 능력이 없는 듯이 행동한다는 의미로 들리기도 한다. 하지만 무속이나 사이비 종교와의 깊은 관련성이 의심되기조차 하는 이 정권의 태도는 도대체 무엇으로 설명할 수 있을까? 또 '반지성주의'의 반대말로서 반대 세력에 요구되는 '겸손'이라는 자기반성적 태도는 얼마나 황당무계한 것인가? 최근의 세태에서 이 겸손이라는 것은 대중의 의견 곧 여론의 비난을 피하기 위해 바짝 엎드리는 복지부동으로 해석되는 듯하다. 하지만 반지성주의의 비합리성에 맞서 저항하는 것은 겸손이라는 말에 담긴 자기 잘못이나 돌아보는 윤리적 성찰이 아니며, 오히려 주어진 상황 속에서 정세를 연역적으로 판단하고 그러한 판단으로부터 합리적 결정을 끌어내는 태도를, 즉 합리성을 고수하고자 하는 용기이다. 그리고 수학은 바로 그러한 합리성을 함양하기에 가장 좋은 도구가 된다. 수학적 지식의 전달 혹은 교육은 그런 면에서 중요한 의미를 가지며, 이것은 수학 자체가 하나의 진리 절차라는 점 외에도 오늘날 그 어느 때보다 더 일반인들과 후계 세대의 수학 교육이 절실한 이유가 될 것이다. 그런 의미에서 바디우의 『수학 예찬』이 많은 사람들에게 읽히기를 바란다. 책이 그렇게 크지 않음에도, 쉽지 않은 내용으로 인해 지난한 독서가 될 수도 있겠으나, 그로부터 얻는 기쁨은 배가 될 것이다.

2022년 6월 경주에서